嫌われ
たかも

私が
いけない
んだ

なにかと
不安に
なる

“落ち込みやすい自分”が劇的に変わる本

維持心靈怠速

不需要改變自己的縮小生存術

擺脫生存痛苦

Joe —— 著　楊鈺儀 —— 譯

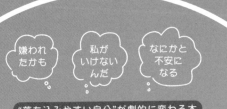

前言　我將告訴大家擺脫生存痛苦的方法

「為什麼只有自己老是受傷呢？原因一定是出在我身上……」

「我一定是被討厭了。果然，我很沒有人緣啊……」

「又失敗了。我再也不會受到任何人的認可了吧……」

你是否也像這樣在煩惱著呢？

任誰或多或少都有像這樣心緒不定的時候。

可是這時候，有的人在精神上受的創傷較小、很快就能恢復自我，

也有的人是深受傷害，得花些時間才能振作起來。

其中的差異到底是什麼呢？

那就是有沒有擁有「自己的小世界」。

所謂擁有「自己的小世界」，換個說法就是「依循自己的心意而活」。

因此，即便被人說了些難聽話或是周圍發生了討厭的事而瞬間心情變糟，只要回歸到「自己的小世界」這個安全基地，立刻就能取回安心感：「不，我並沒有那麼沒用。我靠自己不也是沒問題的嗎？」

但是，沒有這個「自己的小世界」的人，因為做不到「依循自己的心意而活」，就總是只能將自己的價值與對事物的判斷交給自己以外的某人所做的指標，亦即交給「常識」或「他人的眼光」等去做評斷。

結果就會被「自己以外的人事物」給牽著鼻子走，導致經常受傷、疲憊不堪。

抱歉自我介紹有些晚了，我是Ｊｏｅ。

作為因應道德騷擾的心理諮商師，有為數眾多的道德騷擾被害者來找我諮商。

所謂的道德騷擾，就是「伴隨著精神控制的支配」。

許多的道德騷擾被害者都是受到上司或配偶等心理上的支配，過著乖乖聽話照做的人生。

每天，在聽到來自這些人的諮商時，我總會感受到一件事。

那就是，會成為道德騷擾被害者的人，就如先前所說過的那樣，生活中並沒有「自己的小世界」。

也就是說，遭受到道德騷擾傷害的這類型人，因為沒有「自己的人生依歸」，結果就容易盲目的依賴「上司」或「配偶」等，除自己之「外」的人或集團的價值觀。

有著如開頭所提到那些煩惱的人，就會和道德騷擾被害者一樣，心靈與行動都會被自己以「外」的價值觀給牽著鼻子走。

在這本書中將會詳細解說如何打造「自己的小世界」的方法，以讓各位讀者不會被「常識」或「他人眼光」等「自己以外的人事物」給牽著鼻子走。

此外也會具體告訴大家，依循自己心意而活的觀念與行動。

例如：

- 「像我這種人，不論做什麼都沒用。」
- 「我總是會受傷，自己一定是有很大的缺點。」

若有上述那些煩惱，只要去做以下這幾件事：

「維持心靈的怠速狀態。」

「送別開往黑暗面的列車。」

「捨去『認真』，『精心』生活。」

「試著成為『和平的戰士』。」

心靈就會安定下來，煩惱就會消失。

若是煩惱著：

・「好像被討厭了……。我是不是做了什麼？」

・「那個人總是一帆風順。我卻什麼都做不好。」

只要去做以下幾件事：

「以當個『惡人』為前提而活。」

「其他人全都是交易業者。」

「錯將不可能存在的事物當成『存有』。」

「修正與他人之間的『頻率』。」

就不會被他人牽著鼻子走，煩惱就會消失。

或許單只是這樣說明，還是有些人無法理解。

可是，只要理解了這些重點，心靈就會瞬間變輕鬆，這點是絕不會錯的。

在本書中，會介紹許多改變容易沮喪的自己的方法。

不須要改變自己的本質。

不須要用上毅力努力。

只要試著稍微改變想法或行動就好。

那麼，你也來打造「自己的小世界」，並在這愉快的世界中享受人生吧。

Joe

目錄

PART 1
基本篇

知道這些事，就能不再自責
——三步驟，打造「自己的小世界」

步驟1　戰略性的縮小生存

步驟2 擴大依賴

步驟3 採取「讓時間成為友軍的生活方式」

PART 2
應用篇

不論發生什麼事，都要成為不被人牽著鼻子走的人
——二十八個習慣，鞏固「自己的小世界」

心情亂糟糟時，要靠自己守護自己

PART
3
實踐篇

這樣做，就永遠都不會動搖！
——藉由守護「自己的小世界」，安定自己的「四〇～八〇法則」

用這方法讓自己不再動搖

PART 1

基本篇

知道這些事，就能不再自責

——三步驟，打造「自己的小世界」

容易受傷、對自己沒自信……這樣的你需要的是「依循自己的心意而活」，也就是要擁有「自己的小世界」，而且隨時都能回去。

在PART1中，將會詳細解說有關打造「自己的小世界」的方法。

步驟 1 戰略性的縮小生存

你是不是隨便地就擴大生存呢？

首先，容易被別人牽著鼻子走的人、容易覺得沮喪的人，都是超出了自己的容忍範圍，魯莽地活在過於廣大的世界中了。

因此，請將自己生存的世界限縮在自己游刃有餘的範圍，或是自己能管理好的範圍，又或者是說集中在能力範圍極小極小的範圍中，並請試著關注、仔細整頓那個「自己的小世界」。

這麼一來，自己的心就會安定，之後就會覺得人生非常的暢快。

詳細情況我會再逐一說明。

取回人生的控制權

在心理學的研究中，人一旦感覺到「人生是由自己所控制的」，就會提升活下去的動力。

反過來說，若感覺到「無法控制自己的人生」，就會想放棄活下去。

容易被他人牽著鼻子走的人、常常沮喪的人就是覺得「無法控制自己人生」的人們。

因為對自己的容許量來說，人生是繁雜又過於凌亂的。

因此，只要能「取回自己人生的控制權」，生活就會容易得多。

那麼，該怎麼做才能取回人生的控制權呢？

或許你會拚命努力，想要掌握人生的韁繩。

但其實有個更好的方法。

那就是如開頭所說過的，將自己「縮小」到合於你身分的大小。

也就是說，只要將你做事的範圍、生活層級以及工作等身邊周遭的所有事物都縮小到你能控制的程度為止，就算不做特別的努力，自然地就能控制自己的人生。

雖很直截了當，卻是非常簡單的一件事。

不是要增大你的「實力」，只要縮小你的「人生」，生活就能更容易些。

所謂的人生並非「因為大而容易活下去」，而是因為「能夠控制才容易活下去」。

因此要能感受到幸福，你「人生的尺寸」就要縮小到比你的「身分」更小，這樣你就不須要拚命地和憂鬱狀態對抗，走上超出自己能力、身分的人生。

縮小後，人生就會變充實

應該也有人會對「縮小生存」有負面印象，認為：「單靠那樣，真的就能提高幸福度嗎？不會變得很悽慘嗎？」

會這樣想的人，請先試著好好觀察世上的人們是如何獲得達成感或滿足感的機制。

譬如拳擊手。

拳擊手會因體重的不同而分成許多的量級，像是重量級、中量級與輕量級，而在這些量級中都各有世界冠軍。

可是只要仔細想一下就會知道，若是想要決定世界最強的強者，就別去在意體重，只要全員不分量級地去對戰就好了，不是嗎？

因為身材嬌小的人，只要針對體格上的不利去做努力補強就好。

實際上，所有野生動物們也是這樣在戰鬥的。

可是人類卻不會這樣做。

為了讓即便是身材嬌小的人，也有平等的生存價值或獲得達成感，所以制訂出了野生動物無法想到的人工規則，也就是「縮小」對戰世界，「讓各不同身材體型的人都能獲得世界冠軍」。

絕不是說：「體格上的不利就靠努力來補足吧！」

分級會「縮小」對戰的世界，這樣即便是身材嬌小的人也會在努力後獲得回報，他們就會以成為拳擊的世界冠軍為目標。

不限於拳擊，人類在像這樣做出各別的努力前，也會先在自己能力相應的範圍內，縮小自己想決戰的世界或生存範圍，不拿這個範圍之外的人來和自己比較。

此外，正因為在符合自己身分能力範圍或貌似能獲勝的範圍內，才會去做自己能做到的努力，這樣就能獲得達成感與滿足感，也能提高自我肯定感（不去和他人比較，能肯定如實的自己，覺得「自己這樣就很好」）。

不知道「界限」的人，也無法認識到「自己的成功」

請試著想一下在你周遭自稱為「成功者」的人們。

他們為什麼能自覺到自己是「成功者」，並對此感到滿足呢？因為他們靠自己的實力，「只」圍出自己雙手所能及的範圍（自己擅長的範圍），然後不去看在那圓圈之「外」許多比自己更優秀的人。

換句話說，是在腦中將自己決戰的環境縮小到符合自己身分能力範圍的程度，採取的是「我只要在這小範圍內成功就好啦」這樣膽小的想法，所以即便是那種程度的成果，也能認為自己是「成功者」，而且還抱有優越感。

若非如此，不論拿出多少成果，應該都無法將那個成果認知為是「成功」。

因為不論是哪個世界，一定有在自己之上的存在。話說回來，「擁有什麼才能叫做成功呢？」這樣絕對的基準不存在於這世上任一處。

因此，如果想獲得滿足感，首先就要做得和那些成功者們一樣，必須自己決定好「自己的人生，要獲得什麼才算是成功？」「要變成怎樣，自己才是幸福的？」

那就是我所說「戰略性縮小生存」的意思。

而在決定那些事情時，重點是一定要符合自己的「身分、能力」。

首先，設定好能活力十足地生活的範圍、自己承擔得起的範圍吧。

若不這麼做，你將會在不知不覺間，變得要與這世上所有的猛將、在所有領域中，無差別地進行比較。

實際上，這就等同於在沒有察覺到時，就出賽了拳擊中無差別量級的比賽，並被如怪物般巨大的對手打得遍體鱗傷。

弄清人生中不需要的東西吧

再重複一遍，在此所說「戰略性縮小生存」的本質當然不是指「在這微小中，忍耐著活得不自由」的意思。

並非「自己的人生最好縮愈小愈好」。

而是指「在人生中，設置好『自己的小世界』這個舒適的區域吧」。

因此覺得自己生活不自由的人，首先要看一下生活的圓圈中心，弄清楚「對自己來說，會感到不愉快的事物」是什麼。

若那是物理性的、就算馬上捨棄也無所謂的東西，就立刻捨棄，丟出自己的生活之外吧。

這麼一來，你的人生就會成為拼圖的一個單片，變得輕鬆起來。

話雖這麼說，就現實而言，還是有著「雖然確實很討厭，但無法立刻切割開來」這樣的人際關係吧。

面對這樣的關係，共存也無所謂，所以在意識中，可以試著先從「自己的小世界」中抽身而出，作為自己世界的「外人」來與之交往。

這麼一來，你就沒必要過度深入那人的內心，能保住自己心靈的健全，和那人接觸時，就能採取適當堅決的態度，（做為外人）應該也會比較容易與之交往。

同時也能一直確保「自己的小世界」這個人生的舒適區域，維持這個場所安穩、不受人打擾。

試著想像「最低限度的幸福」

能戰略性縮小生存的第二個重點是，經常在腦中想像著自己能做到的「最低限度的幸福生活」。

例如：

「自己能接受的最低限度生活空間是多大呢？」

「對自己來說，最低限度的人際關係是什麼呢？」

「最低限度的持有物是什麼呢？」

「若一輩子都吃差不多這樣分量的食物，就能因此獲得差不多的幸福嗎？」

「每天若都能有這種程度的快樂，我的一生就會非常幸福嗎？」

「若有那麼多的錢，就能過完一輩子了嗎？」

從平常起就要據實地想像，對自己來說「最低限度」的生活是怎樣，而且要是不用忍耐、能感受到幸福程度的生活。

此外，實際上就算現在立刻捨去也不會造成任何妨礙的東西（人、物品、環境等），就斷捨離吧。

雖然想捨去卻無法立刻捨去的，就在意識中貼上「對自己來說，這不是最低限度而是奢侈品一類的」「所以是將來就算丟了也ＯＫ的東西」這類標籤，在現階段與之共存。

只要在腦中想像著能覺得「唉呀，自己有這種程度的生活就十分幸福了呢」這種程度的「最低限度的幸福生活」，對將來的不安就會大幅減少。

人類對將來所抱持的不安中，有許多都是「我能一直維持現今的生活水準嗎？」「會不會哪一天就失去了呢？」這種不安。

因此，能事先去想像縮小、質樸的生活，會減少對將來的不安。

因為能想著：「好！若是這種程度的生活，雖然稍微拮据了點，但似乎能持續一輩子！」

總之，因為這個「縮小生活」的意識可以減少對將來的不安，最終而言，也能成為現今自己擁有「擴大生活」勇氣的保險。

不被任何人左右──縮小生活的訣竅1

做為這個「縮小生活」的意識，最重要的是，一定要「靠自己」決定「要怎樣縮小生活」。

反過來說，就是「絕對不要讓他人來做決定」。

如果你平常就沒有意識到這個「自己的小世界」，而是勉強活在整個大世界中，或許就會在不知不覺中被關近身邊某人所打造出來的「對他來說，行事方便的小世界」中。

然後你會相信那就是「你自己的世界」，其結果就是，你會漸漸地感受到「沒有自我」，最後只能遵循他人的評價或指示而活，變得無法感受到自己的幸福。

可是，如果能活在自己所打造出來的「自己的小世界」中，就不會發生那樣的事。

因為你會以「自己的小世界」為依歸，不會被強行拉進「他人的小世界」中。

「自己的小世界」本身會成為隔離你與他人的「邊界線」，會成為能守護自己獨立性與尊嚴的防波堤。

因此，重要的是，在讓他人決定「該如何縮小生活」前，一定要先自己決定好。

不為「與他人比較」所苦——縮小生活的訣竅2

只要有「戰略性地縮小生活」的意識，就不會與他人比較而沮喪，或是為嫉妒所苦。

因為自己雙手所及範圍的小世界，能靠自己的力量愉快生活，將那個「自己的世界」打理得舒適，會讓人感到開心，也不會去在意他人的人生。

但是，沒有「縮小生活的意識」，活得渾渾噩噩的人，在心中不會想著要打造出「專屬於自己的舒適空間」，過度在意周遭人的目光，結果就會去比較自己與他人的生活。

而且不管自己擁有哪些的東西才感受到幸福，又或者是也不管要過上怎樣程度的生活自己才會感受到幸福，都會藉由與周遭的某人做比較，以是在某人之上還是之下來論斷自己的幸福。

最後總是會被周遭人的臉色所擺布。

我們已經說過了各種各樣的事項，但人要感受到幸福，重要的就是「不要拿他人與自己做比較」。

為此，拿出毅力使勁大喊：「好！從今天起，我不會再和誰做比較了！」是不夠的。

人們只要沒有任何目標，只是糊裡糊塗地活著，就會拿自己與他人做比較以去測量出自身的價值。

正因為這樣，我們才必須在自己的生活中擁有「只要能活在這樣小範圍的世界中，總之在最低限度內，我就是能獲得幸福的」這樣自己獨有的感覺。

而透過每天埋頭於在那樣的小世界中，想著要勤勤肯肯、舒舒服服地過日子，就能更輕鬆、更簡單地實現「不與他人比較的人生」。

不須要改變自己——縮小生活的訣竅3

要將人生活得暢快的訣竅，就是要能經常置身於能肯定自我的「環境」中。

因為人類本來就是只要處在能經常肯定自我的「環境」中，就會覺得「這樣就好」，僅是因應環境，就能成就「美好人生」。

不如說，只要處在肯定自我的環境中，就不須要去改變「自己」。

例如離了婚、成了單親媽媽的人，「只有」戰略性地切換成「做為單親媽媽快樂生活的人」的模樣，才會振作起來。

同時，處在像那樣的時期時，最好是要避開「看到夫妻關係良好、和樂家庭而感到羡慕」的環境。

因為那對現今的你來說並不是個有好處的環境。

又或者說，最近被公司開除的人，最好把焦點放在能帶給自己活力的人而生活，像是：「雖然同樣失去了工作，卻仍能平靜生活的人」，或是「過去從類似逆境中重新站起來的人」「習慣了從公司離職的人」。

同時，最好避免待在「看著、羡慕著有安定職業並閒適生活的人」這樣的環境中。

又或者說對於上了年紀的自己抱有負面情緒的人，只要把目光放在比自己年長許多卻仍活力滿滿的人身上，就能變得有活力。

此外，若覺得現今的自己是全世界最不幸而陷入絕望，只要刻意去看那些處在比自己更為嚴苛環境下的人，心情就會變成是：「自己還能往前走。」或許就會恢復精神。

也就是說，要「持續讓自己置身於肯定自我的環境中」。這也是「將自己的世界縮小進自己的喜好中」的其中一種方法。

這麼一來，只要每次都配合自己所處狀況，選擇自己所要注視的「環境」，並持續將之變成自己偏好的情況，即便不大為改變自己，也能簡單地輕鬆生活。

因為我們人類，只要每次都能在自己身處的「環境」中獲得肯定，就能獲得幸福感，而且來自那個「環境」的肯定將會打造出生氣勃勃的自己。

「環境」是超乎想像地由自己所選擇的

那麼一來，或許也有人會覺得要持續改變自己的「環境」很困難。

「所謂的環境啊，是沒那麼簡單就改變得了的喔。」

會像這樣說的人，請試著以更廣大的意義來看待所謂的「環境」。

例如現今是網路的時代。

不論是YouTube還是部落格，你所看到的「環境」有大半都能由自己選擇，可以在喜歡的時候看到自己想看的人或想看的環境。

「環境」不是「你所置身的場所」。而是「你所看到、聽到的資訊」，才是你的「環境」。

所以，例如只要一整天都是在看YouTube等對自己來說是肯定式且能充滿活力的影片中度過，不論你是居住在哪裡，在那個YouTube中的世界，就是你所處的「環境」，你就會持續受到那個YouTube中人們的肯定及影響。

也就是說，現今的時代是比你想的還要簡單上許多，能夠選擇給予自己影響「環境」的時代。

現在的時代已經不像以前那樣，不管你願不願意，走在外面就一定會自然而然地看到東西。

但是，若無意識地活著，人無論如何都會執著於現今所置身的「自然環境」，並相信著處在那環境下的人是比自己正確，然後讓自己的「個性」去配合那個環境，慢慢地喪失了自我。

話說回來，人生只要是「自己」與自己所看見的「環境」相契合就會覺得幸福，這是由非常簡單的機制所組成的。

因此，只要經常把重點放在「自己」身上，每天一點一點微調自己所看著的「環境」，就能比改變自己個性更簡單地維持幸福。

只要在擅長的領域中活躍就好

人生中也要盡可能試著縮小「該做的事」。

本來，想要對世界上所有事都插一手、在自己不擅長的領域，甚至是煩惱做不到的事且一一反射性地想要克服地舉動就是非常沒道理的。

任何人都有擅長的事與不擅長的事，不論多希望不擅長的事能順利進行，那都是不可能的。

而我們在自己的人生中，分配給各個事項的時間是有限的。

因此，在對自己來說不擅長而且又沒有想做的事的領域中，思考

「不克服這個不擅長的部分就活不下去嗎？」是很重要的。

而若是覺得即便不擅長也能活下去，就保持不擅長，一直避開那個領域就好。

所謂的人生，不過就是在死之前打發時間罷了，不須要一一去致力處理不擅長的事並帶著一身的自卑感。

只要在能做自己程度上的領域，或是擅長的領域中比拼，同時從人生中切割掉不擅長的領域，放低身段、擺出謙虛的姿態就好。

其中應該也有人是會覺得「沒什麼擅長的事」，因此心懷自卑感，但這世上所謂「擅長的領域」本身，本就是由最單純的結構所組成的。

因為在任何領域中，你只要出現在技術上、知識上更不如你的人之前，你就會成為「很擅長於那件事的人」。

所以，若你所處的領域有著一定的人數比你更沒技術或知識，那就能成為你的擅長領域，因此首先，試著在擁有的技術或知識不如你的人面前，發揮你擅長的事項吧。

又或者是，更單純地試著找出「自己理所當然能做到的事，但別人卻莫名做不到，看著就很煩躁的事」吧。

那就是你的專長。

自己的專長通常對自己來說都太過理所當然，所以無法自覺到。

當然，不論是哪個領域，都會有程度在你之上的人，那就先別考慮那些人吧。

因為誠如前面所說，世界上所有的成功者們，都是因為像這樣做，不去看由自己制定下的小範圍以外的人，才認識到了自己是個成功者。

也就是說，這也是「意識到要縮小生存」。

可以不用在全部、所有的領域中活躍。

透過去做擅長或喜歡的事，只要活在能做到事項的範圍內就夠了。

可以不用過於認真地去思考：「像是我這種程度的，應該不可以把那說成是擅長吧？」

世界上還有比你所想更隨便許多的人。

不擅長的領域是因為向前衝才顯示出無知

另一方面，關於自己明顯不擅長的領域或是不太清楚的領域，即便有人來問自己，比起努力陳述意見，或是想要回答問題，不如在早些階段就正色直言：「關於那件事，我並不清楚。」會比較好。

因為，對於不知道的事，比起半吊子地努力想要回答，果斷地直說「不知道」，反而看起來不會那麼無知。

而且也可以一口氣從勉強努力地想要回答不知道的事的痛苦中獲得解脫。

關於自己不擅長的領域、不知道的事，或是沒興趣的事，最好試著在盡早的時間點做出如下的反應：

「啊，關於那件事，我什麼意見都沒有！」

「我一點想法都沒有！」

「不好意思。我不知道，請告訴我！」

「不好意思。因為我不太清楚，所以請你決定。我會遵循大家的意思。」

只要像這樣直接說清楚，就完全不會感到疲憊，對方也會苦笑著接

受，所以你的自我肯定感也不會降低。

尤其是關於沒興趣的領域，只要盡可能積極地展現出，今後也沒有預定要去考慮那些事的意思，對方就會以平穩的心境失去對你有所期待的熱情。

步驟② 擴大依賴

依賴並不是件壞事

包含容易被他人牽著鼻子走的人或是容易沮喪的人在內，懷抱生存痛苦的人之中，應該也有不少是自覺為自己的「依賴體質」所苦的人。

應該有人總是依賴著伴侶或家人等身邊親近的人，淨是想著那個人而感到痛苦的吧。

像那樣的人，因為煩惱著自己的「依賴體質」，所以就有著「不可以依賴」這樣的認知。

也就是說，是認為：「要讓我自己能更輕易地活下去，就一定要變成是更不依賴他人的體質。」

其實，這樣的認知在根本上就有誤差。
所謂的「依賴」，並不是件壞事。
不論是誰，人本來就是有所依賴而活。
首先，我們日本人就是依賴著日本而活。
依賴著地方自治團體、工作的公司，也依賴著各式各樣的興趣或活動而活。
並沒有什麼人是不依賴任何人事物而活的。

那麼，為什麼有那麼多的人不會因為依賴而苦呢？
因為他們所依賴的對象「並沒有只集中在其中一個點上」。

他們不會針對一個人事物有著極端、深沉的依賴，因而恐懼於不被依賴對象所關注，或是被拋棄。

增加「舒暢愉悅的棲身之處」的數量

「不要想降低依賴心，只要擴大依賴對象就好」

這能讓你從「不可以失去這個人」這樣的依賴心中獲得解放。作為在精神上獨立的「個人」而獲得解放感，是最有效率的方法。

我們曾在各處都聽過「降低依賴心」這樣的建議，但實際上，用那樣的改變意識法，依賴心並不會降低。

因為就依賴心的本質來說，一旦想要降低，結果反而會反彈，甚至變得更高。

因此，你如果想要降低對某位特定人士的依賴心，就別想著「要降

低依賴」，而是請試著淡然地「擴大」自己的依賴對象。

亦即，單純地增加「會感到舒暢愉悅的棲身之處」的數量。

只要增加依賴對象的數目，相應地，你的依賴心就會「分散」到各處去，即便不刻意地去想「要來降低依賴心」，也會自然而然地一一降低依賴心。

試著來想一下比較極端的例子吧。

如果你只依賴著一個人而活，那個人只要稍微皺一下眉，你的心都會紛亂不已，夜不能寐。

可是，如果你是依賴著兩萬五千個人，那情況又會是如何呢？

即便注意到其中有一個人消失了，瞬間也只會想著：「奇怪？那個人去哪裡了？」那個夜晚應該也是能熟睡的。

因為你的依賴對象分散到了兩萬五千個人身上，而對每個人的依賴心，也都分散成了兩萬五千分之一。

應該也會有人認為：「不不不，這例子太極端了，我完全無法進入狀況。」所以請試著做如下的思考。

試著回想一下學生時期的情況。

如果你在班上只有一位朋友，而你又和那位朋友交惡了，你就會變得不想去上學。

可是，如果參加社團，在那裡也交了其他朋友，即便和班上的朋友交惡，你仍會想著：「沒什麼大不了的！因為我還有社團活動的朋友！」能夠提起精神去上學。

只要像這樣分散依賴的對象，就會降低對各個人事物的依賴心。

在這樣的意義下，只依賴著一個大對象而活的人，即便現在是很滿足的，將來也會背負有風險。

因此，苦於自己有著強烈依賴心的人，首先要停止去想：「不可以依賴。」

因為實際上反而要反其道而行。

對你來說，依賴對象是不夠的。

依賴的機制是，只要增加數量，強度就會減少。

不要減少自己的「依賴心」，請試著淡然地增加「依賴對象」吧。

只要能做到這點，對現今的人、東西或是團體的依賴心，就自然會減低。

這麼一來，就結果來說，周圍的人看你，就會覺得看起來完全是

「沒有任何依賴，是出奇獨立的人」。

實際上，你不過是因為有許多的依賴，結果才看起來像是沒有任何依賴……。

其實，世界上「在精神上獨立的人」，大家也只是這樣做，所以看起來很獨立而已。

也要分散「種類」——擴大依賴的訣竅1

增加依賴對象時，不要只是單純地增加依賴的「數量」，也要增加依賴的「種類」，可以說，這樣才容易長期穩定心緒。

例如，比起想要增加許多「戀人數量」「朋友數量」等相同種類的依賴對象，請試著如下述般分散依賴對象的「種類」。

・戀人
・朋友
・同一圈子的伙伴
・健身房同伴
・工作伙伴
・寵物

當增加依賴對象的數量時，讓這些對象互相「矛盾」不相合，「分散」成是彼此都沒有關連的種類，會比較容易能長時間地讓心情保持穩定。

別執著於「特定人士」——擴大依賴的訣竅2

想著要「增加自己的依賴對象」時，有許多人都會想像著：「要增加某位特定的相識對象。」

可是這麼一來，恐怕無法如預想般增加依賴對象。

在現代社會的結構中，增加「特定相識對象」的做法，若不是有著一定溝通能力的人，就難以增加依賴對象，而且說起來，也有很多人無法因為這樣而獲得療癒。

因此你要增加依賴對象時，請保有以下的觀念：

「要增加生活中讓人感到舒暢愉悅的棲身之處」。

這個所謂的「棲身之處」可以是人，可以是人所聚集起來的地方自治團體，也可以是一個同好會，即便是如文字所述的「處所」也可以。

在那樣的「處所」中，不論有沒有人，隨便怎樣都可以。可以是喜歡的咖啡廳、購物中心，或是家中房間的一隅。而若是喜歡小說的人，也可以是沉浸在小說中的世界，可以是電影的世界，可以是邊聽音樂邊去常去的河灘散步的時間，也可以是依賴於張貼在房間中海報的程度。

當然也可以是工作又或者是職場。同時還可以是社交軟體中的世界，或者也可以是自己開設的YouTube頻道。

總之，增加依賴對象時，不限定於「人」，無論如何，請掌握住是「讓人心情舒暢愉悅的棲身之處（空間）」。

試著冷靜思考一下吧。

說起來，你最終所想要的是「心情舒暢愉悅」這樣的感覺，而非一定要去渴求「特定人士」。

對你來說，所謂的「特定人士」，不過單純是能讓自己心情變舒暢愉悅的一個方法。

最好是沒有會讓你心情紛亂的「特定人士」，而且其中應該也有人已經對「他人」本身感到疲憊，現今在渴求著「能讓自己獨處的依賴場所」。

也就是說，依賴對象會因人而異。所謂的依賴對象頂多是你如何以合理方式去看待「讓人心情舒暢愉悅的棲身之處」，而其中還包含著別去執著在特定人士身上。

只要像這樣去思考，應該能找到很多吧，即便沒有一百分但也有七十分的依賴對象。

推薦「總是有那些人事物」在的處所——擴大依賴的訣竅3

人與人的連結方式，今昔大不相同。

以前沒有網路，長途電話費也很貴，大多數人只單純地活在地域狹窄的範圍內。

因此那個時代當然會跟身邊特定的人士各別交好，也能簡單地建立起一對一的聯繫。

但是如今，因為人與人之間的聯繫變得過薄、過廣，要「精準地交到朋友」就變得非常困難。

因此我推薦打造「總是和那些人事物連結在一起」的環境，以作為去做想做的事情時的副產品。

首先，不是要跟誰建立良好交情，而是和隨便一個人建立連結，選擇自己想繼續的興趣及工作，涉足自己感興趣的場所。

例如持續前往自己感興趣的健身房、讀書會或是去學習新知等，又或者是工作、做志工也可以。

此外，即便參加那些活動，也不要急於在其中尋找朋友，頂多是享受興趣或工作就好。

這麼一來，必然地就會和總是待在那裡的「常見的那些傢伙們」說上話，與一些人針對共同的興趣，彼此無利害關係地，只單純地享受話題來建立起聯繫。

因此，就能打造出非是親屬、不太會崩壞、能讓人愉悅的關係。

這個方法最好的地方是，不需要「持續性的維護」或「羈絆」以讓這段關係保持下去。

頂多就是想去從事興趣或工作的活動，所以才去到那處，對於在那裡的人，即便沒有特意想著「因為是朋友，所以偶爾得聯絡一下」，每個星期只要去到老地方，「常見的那些傢伙們」就會自動出現在那裡。

此外，像是工作上的煩惱或是家庭中的問題，只要自己不觸及不想談的話題，單純地聊些彼此都感興趣的話題，就能輕鬆愉快地度過。

這就是與各別朋友之間有著麻煩「羈絆」的不同。

或許，作為現代人打造人際關係的方法，這樣的聯繫法是更現實又更簡單的做法。

只要同時擁有好幾個這樣的依賴對象，至少，你人生中變成孤單一人的可能性就會無限降低。

而只要持續經常和「常見的那些傢伙們碰面」，就算不做任何努力，也能和其中的一、兩人建立起特別好的交情。

「嫉妒」是「錯過」的信號

在拓展新的「依賴對象」時有一個容易落入的陷阱，即「依賴對象的陷阱」。

那就是會令你感受到「嫉妒」與「羨慕」氣場的依賴對象。

若是對那名依賴對象感受到人們之間本就有的彼此間強烈的嫉妒或羨慕，最好也要質疑：「這樣是不是有點糟糕？」

因為在發生「嫉妒」或「羨慕」這些心情的時間點上，就構築起了「想把他人拉下來」這樣壓人一頭的世界觀，或許你在不知不覺中，也會被捲進壓人一頭的情況中。

說起來，你在「自己的小世界」中明明想著要增加「能夠讓人感到安心的依賴對象」，卻特意去選擇了「想把他人拉下來」的依賴對象，但其實你應該不會想把那對象包含進「自己的小世界」中才是吧。

增加新的依賴對象時，如果感受到對對方有「嫉妒」或「羨慕」的心情時，最好能盡量避免。

因為人通常不會想要在「自己的世界」中有著沉重的氛圍才是。

逃脫「依賴」與「羨慕」的兩個方法

儘管如此，應該很少有環境是完全沒有「嫉妒」或「羨慕」的吧。

在此我要介紹逃開「嫉妒」及「羨慕」的生活訣竅。

話雖這麼說，但其實我在前面已經介紹過那些方法了。

訣竅❶　擁有自己的小世界
訣竅❷　擴展依賴對象

就是這兩點。

訣竅❶「擁有自己的小世界」就如前述，只要你擁有「自己專屬的小世界」，就會因為對「自己專屬的小世界」最感興趣，並認為：「我最低限度只要活出這個世界觀就好！」就不會拿自己與他人比較，也不會陷入嫉妒與羨慕的心情中。

訣竅❷的「擴展依賴對象」是，只要能更增加依賴的對象，你就會更接近「獨一無二的人」，所以能遠離嫉妒及羨慕的心情。

例如，你雖然有著「畫畫」這樣的依賴對象，但或許對其他的「繪畫」有著嫉妒或羨慕的心情。

可是如果你還有著另一個稱做「旅人」的依賴對象，你就會成為「畫畫的旅人」這樣特別的人，嫉妒的對象就會大幅減少。

一邊增加「好像不錯的依賴對象」一邊捨棄

話說回來，拓展「依賴對象」時，作為其前提，必須要有著如前述的「戰略性縮小生存」這樣的意識。

因為在想增加「依賴對象」時，自然不會在一開始就知道那是不是適合自己的依賴對象。

所以先隨便選擇覺得「好像不錯」的依賴對象，然後一邊增加，一邊不斷捨棄不適合自己的依賴對象，這點是必要的。

因此，在選擇哪些要留下來、哪些要捨去時，必須要意識到「戰略性的縮小」這點。

然後將依此而最終留下的、似乎適合自己的少數依賴物品，重新編入本來的「自己的小世界」中，充實「自己的小世界」。

這樣做才能讓「自己的小世界」變成舒適的世界，也能以最低限度的成本享受自己的人生，可以不用再拿別人來和自己比較。

如果你沒有「自己的小世界」，或是「戰略性縮小生存」的意識，每次在增加依賴物時，就只會不斷增加無益於你人生的依賴物，而且全都混亂不堪。

這麼一來，或許你的人生會變成不論面對哪種依賴物都無法安穩下來，會不斷轉換新的依賴物，反過來說，若百分百依賴、急遽地貪婪起某個依賴物，之後就會一而再再而三地對那個依賴物感到絕望，或許人生會變得一直經常被自己的依賴物給牽著鼻子走。

也就是說，沒有意識到要將大範圍的依賴物選項縮小，並將之最終含括到「自己的小世界」中的人，不論拓展多少依賴物，人生都只會變得混亂不已。

按自己的做法，以小而充實的人生為目標

前面所說的「步驟一　戰略性的縮小生存」與在此說到的「步驟二　拓展依賴」的戰略並沒有矛盾，反而應該使其共存。

「正因為有自己專屬的小世界，才能踏出到外面寬廣的世界。」

正因為你有著「自己專屬的小世界」，不論去到哪裡，比起「外面的世界」，都能優先關注「自己的世界」。

正因為有「自己專屬的小世界」，即便會在「外面的世界」追求依賴，卻不會被那些新的依賴給牽著鼻子走。

正因為有「自己專屬的小世界」，即便在公司中被上司責罵、與丈夫發生爭執，也不會感到絕望，因為你能回到「自己的小世界」找回自我。

正因為有了「自己專屬的小世界」才能心平氣和地過上「我只要在這之中生活就好了」這種有自己一套做法、小而充實的人生；正因為有那個「小世界」，才不會迷失自我，能在寬廣的未知世界中冒險。

而為了不讓那個「自己專屬的小世界」因為一點小事就崩塌，就要在那之中去建立幾個能信賴的支柱（依賴），這點就是此處所說，要去拓展依賴的宗旨。

步驟3 採取「讓時間成為友軍的生活方式」

讓時間成為友軍的最大優點

人只要活著，就是包括經驗、知識、實力、實績、人望、信賴等等「人生的資產」，有大半都會自然而然累積的機制。

因此，所謂每天的「人生滿足度」，只要沒有太大的失誤，就是會長期緩慢上升的。

但是，這個「長期滿足度」的上升，是非常緩慢地在累積，所以一旦恍恍惚惚地過日子，就會被每天大幅度波動的事項給拉走注意力，忽略了這個長期的緩慢上升。

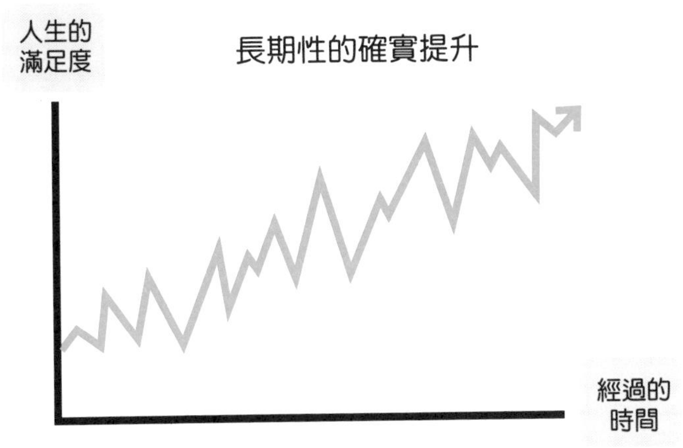

若用廣闊的視角來看，會意外地發現自己的人生確實有在花時間提升，但此外，因為每天眼前狀況急遽變化以及伴隨而來的心情大幅波動，容易把注意力擺在那上頭，變得一會兒高興、一會兒沮喪。

不好的時期是，看著那個「不好的當下」感到絕望，想放棄持續到至今為止、勤勤懇懇累積下來的習慣，因為絕望而變得自暴自棄，打壞累積至今的信賴與工作等，有時人生就會滾落到不是自己期望的方向去。

好的時期時則會在這時期中錯以為這股好的趨勢會持續一輩子，於是話說得很得意忘形、態度傲慢，失去了他人的信任。

只要冷靜思考就知道，那樣極端的時期不可能一直持續下去，從長期來看，人生因為是確實有所累積的，就不必要對每一個當下都忽喜忽憂，做出極端的反應……。

不論是好的時期還是不好的時期，若都以情緒化、目光短淺地方式去看待，就容易做出有長期性損失的行動。

在進行這個「把時間當友軍的生活法」時，最重要的就是，不論眼前的狀況看起來像是暫時的向上提升，或是下降，都別慌張，要記得以下的現實：「若從人生整體這個大視角去看，這不正是在確實且緩慢地累積著嗎？沒問題的！」

只要記得這點，把時間當成友軍這件事就一點都不難。

這件事的難處在於，雖每天都朝著自己決定好的方向勤勤懇懇地累積人生，但周圍的人卻比你更先獲取卓越的成功，或是看起來很幸福。

若以這樣的目光看著他人，內心就會紛亂不已。

可是即便羨慕著他人，明天的自己也不可能會獲得與之相同的成功或幸福。

尤其我們又不是能突然獲得成功的天才類型。

即便是一般人，也有一個方法可以超越天才。

那就是「打持久戰」。

而且是比周遭人所想的還要更加持久、要花上一輩子時間的超長持久戰，要在自己腦中拉長人生的比賽。

世間上被人稱為天才的人，有大半都很令人驚訝難以「長時間維持幸福」。

因此，只要投身超・長持久戰的比賽中，一定能在某處超越那些天才們。

而且那不是金錢或社會地位的比賽，是更綜合且具有較大意義的「人生的滿足感」。

只要淡泊地生活，人生就會確實地不斷累積經驗

這個「把時間當友軍的生活法」最棒的好處是，每天都能實際感受到自己的人生經驗以及實力有一點一滴在累積，我們就經常能明確看見自今日起的一年後，或是超過一年的兩年後的自己的未來。

換言之，即便現在沒有過得很幸福，卻已經提前每天都能獲得幸福感與安心感。

不論是痛苦的經驗、開心的經驗、相遇、離別，在「當下的瞬間」這個意義上來說，都不過是一種情緒，但就「長期性」的意義來看，都是在自己人生中不斷積累的資產。

而面對比自己更先獲得成功、讓你感到羨慕的人時，不要急躁地想著：「給我等著瞧！」請試著抱持長期性觀點：「唉呀，拭目以待唷，之後就會知道了。」

這麼一來，所有人的人生都會自動地緩緩提升，每天都能實際感受到容易抓住人生的機會了。

將目光投注在「自己的成長」上就不會沮喪——把時間當友軍的訣竅1

「把時間當友軍的生活法」的第一個重點是，「不要將時間的流逝製造成對自己不利的趨勢運作」。

首先第一個目標是改善「若是持續現今的生活，感覺明年的這個時候會變糟」這樣的人生趨勢。

總之，這個「把時間當友軍的生活法」的戰略，就是過著「每天雖然都做著固定、理所當然的事情，但若是理所當然地去做，就算不特別去努力，人生也會有比現在更多的積累」的日子。

因此，若在現今這個時間點，你已經是處於一點一滴自掘墳墓的狀態，首要之務就是要改變這樣的趨勢。

第二個重點是，準備好能確認「自己的人生確實在前進」的目標。

根據心理學的研究指出，要提升人類動機最有效的方式是實際感受

到「有在前進」。

大大地往前邁進絕不是必要的。

從一小步開始也行，只要感受到自己人生是確實地在前進，人就會覺得自己的未來是一片光明，湧現出生氣勃勃的生存精神。

我最推薦的方法就是關注著「自己的成長」或「提升技術」而活。說得更甚些，就是「不要去關注『自己成長』以外的事物而活」。

這麼一來，就能經常實際感受到「人生有在往前進」，每天的心情都會很安定，會對未來充滿希望。

很多人都會陷入把焦點放在每天與他人的關係、來自他人的評價、在社交軟體上獲得承認、工作上的成果、收入與資產等「結果」而活的情況中，若是這樣，心情就會時時因此而暴起暴跌。

因為這些全部都會違反自身意思或努力，有時輕而易舉地就會往後退了。

可是，不管怎麼說，唯有「自己的成長」是只要活著，就會一直發展。只是這樣，就不會衰退。

因此，用「只」關注自己的成長的方式生活，就能經常實際感受到自己確實在往前進，精神上也能較安定。

假使是處在與伴侶以及朋友關係上、社交軟體上的「讚」數、自己的收入都不太好的情況下時，仍能只關注「自己的成長」，就能堅信「沒問題的。即便現在不好，就長期來看，人生還是有確實在往前進的！」並重振精神。

因此不要把目光投向其他事物，先試著單純地只關注自己每天的「成長」而活吧。

持續「累積」「理所當然能做到的事」——把時間當友軍的訣竅2

首先從關注「每天都在做的事」著手吧。

例如喜歡做菜的人，就能在每天做出的菜餚中實際感受到自己「提升技藝了」。

每一天，透過感受並意識到做理所當然的事是有意義的，就能更加速提升那樣的技術。

只要活著，每天都一定會做些什麼，那個「什麼」應該每天都會自動地有所成長（或者是改善）。

所以從生活中去尋找自己成長的部分、自己人生前進的目標吧。

其次，若時間與精力許可，只要在生活中加入學習知識、資格、技術等能讓自己成長的興趣，會更能穩定住對未來的安心感。

例如只要讀書，就會增加知識、學得閱讀能力；每天只要寫部落格，就會學得寫作力、統整思考的能力。

只要在YouTube上傳影片，或許就會提升說話的能力或是企劃能力。

不論是跳舞、減肥、拉筋還是裁縫、溝通練習，什麼都可以。

去做些不用拚命努力也能開心做到的事，而且是在前述「自己的小世界」的範圍內，每天都如理所當然般地勤勤懇懇持續去做自己覺得「今後想做」的那些事。

這麼一來，不管現今出現了什麼結果，都會感到自己的人生有確實在前進，心情就會穩定下來。

這麼一來，為了自己的「成長」，確實去做今天能做到的範圍內的事時，若能感覺到比起昨天有些微的成長了，在每晚睡前就能感到滿足：「好！今天也確實做到了該做的事呢！」充滿好心情地入睡。

尤其愈是在沮喪的時候，就愈是要試著有意識地關注自己的成長而生活，而非來自他人的評價或認可。

這麼一來，即便每天都有些許不開心的事，也能想著：「我有確實在成長了，沒問題的！」每天都能穩定地維持相同的精氣神。

別做多餘的事——把時間當友軍的訣竅3

「把時間當友軍的生活法」的第三個重點是，「別做多餘的事」。

具體來說，是以如下的三個規則來生活。

規則❶　讓自己的人生朝向自己期望的「方向」

規則❷　每天都淡泊地做著前往那「方向」該做的事

規則❸　偶爾找時間回頭省視「方向」是否沒問題

只有這樣而已。

非常簡單，完全不累人。

只要每天重複做，自己的人生就會變「整齊」。

為此，最重要的就是相信人生是向上提升的，「每天沿著自己決定的方向性正確行動」，以及「盡可能避免會做出對此有妨礙、白費功夫、多餘的行動」。

簡而言之，就是朝向自己看準的方向，不慌不忙地淡泊生活。

這就是我認為能提升人們長期性幸福度最確實的方法。

為什麼在能變幸福的方法中這個方法是最確實的呢？因為不需要「特別的技能」，但在自己人生中希望有所累積的事物都會緩慢且確實地提升。

也就是說，這個機制是，活的愈久就愈能有所獲得。

而且還能每天都好好過著沒有損失的生活，也因為自己總是能掌握住擅長的領域，當活用累積實力的機會來臨，就能立即抓住。

只要這樣做，與你相稱的人生機會或是商業上的機會等，就會一一向你靠近。

而這麼做最大的優點就是能簡單生活，以及精神狀態無論如何都會是平穩的，容易感受到每一天的幸福。

模模糊糊地去看一年後的事吧！

那麼接下來，我將要告訴大家關於自己前進的「方向」。

關於現今時代「把時間當友軍的生活法」戰略，我認為正確做法就是「『模模糊糊』地去看一年後的的未來」。

這樣的生活方法最能療癒不安。

此前的時代反而是「明確訂下幾年後的目標，直線朝向那個目標奮勇邁進！」這樣的生活方式才被認為是正確的。

可若現在經歷變化劇烈，也無法知道一年後的事，一旦訂下了「想變成那樣」的目標，有很高可能性會在途中要做變更。

而且這麼一來，若是過於想清楚看見「看不見的未來」，反而只會清楚看見「看不見未來的現實」，遭受「應該要看見的，卻看不見！」的不安襲擊。

因此，作為現今時代的生存戰略，就「要刻意瞇著眼，模模糊糊地去看」一年後的未來。

也就是說，不要決定好「終點」，而是只要停留決定在「我的人生想用這樣的『方向感』前進」這樣的「方向性」上，並專注在「當下」就好。

例如現今的時代，世上所有公司隨時都有可能會破產，而且搞不好連那分職業本身都會消失。

因此往後不是要在心中描繪著「我要在這個公司裡努力工作到六十五歲，直到迎來退休！」這樣明確的「終點」，反而要一邊模模糊

糊地想像著自己未來的「方向性」，像是「這分工作的知識與技術在今後的人生與工作中或許可以這樣活用，就先從這裡的技術開始學起吧！」一邊工作。

這麼一來，意識上就會變成是：「無法清楚看見遙遠的未來是理所當然的，反正其他人也看不見。」緩和對未來的不安，同時，現今在做的經驗本身，也會為了今後的人生而確實有所累積。

此外，不要明確訂下遙遠的目標，而是要用「方向性」這樣的感覺，依著「模模糊糊」地去看，就能輕易地配合今後狀況的變化，做出細微的「作戰變更」。

現今的時代，處於煩惱中的人，或是因為太想要清楚看見未來，卻反而因「看不見！好可怕！」感到不安；又或是因為看不見的未來過於令人感到恐懼，就完全背過臉去不看將來，陷入只在剎那的當下亂竄的恐慌人生。有大半的人都是陷入這兩種情況中的一種。

但我認為，其實正確解答就在那中間。

亦即，只「模模糊糊地」決定自己想前進的「方向性」，總是瞇著眼，模模糊糊地看待日常（不要清楚地去看）！

然後朝向那個「方向性」（不是明確的終點）前進，總之就是每天淡漠地做著現今能做到的事。

像這樣的生活方式，最能讓心情平穩下來，失敗也一定會變少。

狀況不好的日子就快點捨棄掉吧

在每天的生活中，不論是工作還是人際關係，都會有「不順利，怎麼辦？」這樣的不安，莫名有狀況不好的日子。

一般來說，像那樣的日子應該有很多人都會感到焦慮、拚命地掙扎，但我認為，最好是乾脆地捨棄像那樣狀況不好的日子。

也就是說，在想到：「啊！真是狀況不好的日子啊！」的時間點，就想著：「好！就捨棄這天吧！」不再努力。

因為若是在那樣的日子裡笨拙地努力，就會攪亂現狀，讓結果變得更糟，更遑論愈是努力就愈是勞而無功，甚至有可能糟蹋了自己至今為止積累的一切。

當然這也不是要大家想著「今天就隨～便怎樣都好啦！」而自暴自棄，也不是全都要扔掉。

具體來說是怎樣的呢？就是在決定「要捨去今天」的瞬間，切換成「就以最低限度的活動來維持現狀，除此之外的都不去考慮」模式。

只有這樣而已。

因為狀態不好時，愈是想東想西，就會出現不好的結果。

因此，狀態不好時，盡量不要去做新的事情。

不要去考慮新的事情。

總之，要設法將直到「昨天」為止所做出的成果以及現今自己的體力維持住原樣不崩壞，不要糟蹋了，專心於「過好明天」就好。

要想著「一切等到明天早上再著手就好」。

只要睡一晚，等到明日，又能以不同的心情重新啟動，重做一次。

不論是工作、生活、運動還是學業，幾乎人生中所有事情都能使用這個訣竅。

人生就是持久戰。

今天一天都很勉強努力，也不會前進太多。

對「前進」來說，最重要的本來就是長年地持續下去。

要糟蹋掉至今為止所做的事是很簡單的。

今天一天就能做到。

正因如此，狀況不好的日子要在早期階段就捨棄，盡可能地維持現狀，把一切推遲到明天再說。

尤其是容易把自己逼入窘境，忙到喘不過氣來而爆發的人，請試著使用這方法。

休息反而會提升評價

我認為，所有人在身體狀況不好時，最好要盡可能避免在人前做出表現。

因為身體不適時，一旦在人前表現，想當然爾，表現的品質會降低，也會收到來自對方「實力也就這點程度了」的低評。

若好不容易才壓下了不適而努力，卻反而因此降低了自己的評價，那天還不如不要表現比較好。

試著想一下吧。

你若是採取「身體不適時盡可能不惹人注目主義」，很有趣的是，就會給周圍人「那個人總是表現得很棒」的印象。

因為那些人都沒有看到你身體不適的時候。

對他人來說，沒看到的部分等同於不存在。

不存在就不會列入評價是一件合理的事，到了明天，又能再度在人前表現出色。

我認為，要受到來自他人的好評，有兩個必要的元素。

❶盡可能做出好表現。

❷狀況不好時不要做表現。

許多人尤其對❷的意識非常薄弱。

而因此（因強行要做出表現），不僅會搞壞身體，也會讓人看見自己劣質的表現，拉低自己的平均分數。

像這樣的人，就試著把觀點轉換成如下吧。

「的確，若不做出表現，就沒有人會給自己好評，但反過來說，也不會獲得差評。」

若是狀態不好，會做出很糟糕表現的日子，就鐵了心休息，除了能為了明天而讓身體休息，同時也能避免獲得「差評」。

停止「自責」的訣竅

- 「一直維持原樣下去好嗎？」
- 「現在的我是不是不行？」

→以**「縮小生存」**來解決這些問題。

只要在與自己身分地位相合的範圍內，或是在擅長的領域中發揮自己能做的，就能覺得「我有這個世界，所以沒問題！」而不會自責了。

- 「要是沒了那個人，就活不下去了」
- 「為什麼那個人不重視我呢？」

→以**「拓展依賴」**來解決這些問題。

戀人、朋友、同一圈子的伙伴、工作、興趣、能熱中投入的事物……只要增加自己的「依賴對象」，就能因此降低對每一個人的依賴心，擺脫渴求他人的痛苦。

- 「今天狀況不好，好像什麼事都不太順利」
- 「只要一想到將來，就滿心不安……」

→以**「把時間當友軍，做長期性的思考」**來解決這些問題。

只要擁有「若用長遠的眼光來看，人生是確實累積而成的」這樣的觀點，而非每一瞬間的心情起伏，就能明白，現今的痛苦不會持續到永遠。

PART 2

應用篇

不論發生什麼事，都要成為不被人牽著鼻子走的人

——二十八個習慣，鞏固「自己的小世界」

在PART1中，介紹了打造「自己的小世界」的方式。
在PART2中，我將介紹能鞏固「自己的小世界」的習慣，以讓我們因意外之事而沮喪時、受到某人微不足道的一句話而受傷時，能立刻振作起來、不為任何事牽著鼻子走。

心情亂糟糟時，要靠自己守護自己

接下來要介紹在沮喪、受傷、心情紛亂時能安定心靈的習慣。若有值得參考的方法，請試著採用。

1 「不沮喪」是「做」出來的

話說回來，容易沮喪地想著：「或許是因為我做了什麼……」，或是容易心情低落的人，不是因為有什麼事而心情低落，很多時候都是因為對「自己是容易心情低落的體質」本身感到沮喪。

像這樣的人，「今後若覺得心情要變低落時，每次『只要』試著去想著『不沮喪』就好」。

也就是說，因為認為是這種「體質」，想著「明明也有不會沮喪體質的人，但我卻……」所以才會一直處於心情低落的狀態。

可是事實並非這樣的，只要想著：「話說回來，看似沮喪時，只要自己『不心情低落』，就不會心情低落。反正所謂的人類，就是這種生物。」這樣就好。

這麼一來，今後，只要持續「不沮喪」，就能不讓心情低落。

請把這想成和瘦身一樣。

閱讀這本書的人中，若有超過四十歲的，或許有很多人都是只吃三餐就會發胖。

可是，即便是這樣，只要進行減肥，在減肥期間，就應該會瘦。
也就是說，唯有處在「瘦身」期間，你才會瘦。
可是若不進行「瘦身」，就不會「變瘦」。
肥胖理所當然地會持續下去。
這無關乎好壞，就只是很單純會這樣而已。

請把「不沮喪」想成和這件事一樣。
要自己「不沮喪」時，就能不沮喪，一旦停止要自己「不沮喪」，就會沮喪。
這本來就是這樣的機制，不是什麼遺憾的事。
只要這麼一想，心中的芥蒂就會消失，人生就會變簡單多了。

2 維持心靈的怠速狀態吧

平常就容易心情低落的人想要改善這樣的生存痛苦時，最先應該注意到的，就是隨時讓自己的心靈處在「怠速狀態」。

或許對不開車的人來說難以理解什麼是「怠速狀態」，但總之就是指「發動車子引擎，但不踩油門的狀態」。

例如等紅燈或在停車場開著引擎停等朋友時的車子狀態，就是怠速狀態。

而這個作戰指的就是，在一天中醒著時，刻意將自己的心靈狀態維持在這種「怠速狀態」一下。

若用一句話來表示，就是每天挑戰「一刻都不讓心冷卻下來」。

最重要的是，除了不要突然「吱」的一聲停下心靈的引擎，另一方面也不要反過來腳採油門「轟」的一聲使引擎著火。

也就是說，「不要興奮過頭」。

我們不用「隨時都要做些什麼不可」，或是「隨時都要思考些什麼不可」。

什麼都不想地發呆也ＯＫ。

如此，「就連心」都會溫暖起來……。

不過，不論是在什麼時候，為了不讓自己的心靈冷卻，若有些令人不開心的事而使得心靈的引擎似乎要停下來時，要立刻有所察覺，同時每次都要想著：「現在該怎麼做才不會讓心靈的引擎停下來呢？」「該怎麼做，心才不會冷卻呢？」以回復心情。

你可以立刻去吃蛋糕、散步，或是和朋友聊天，以維持「心靈的怠速狀態」。

一般來說，給予容易心情低落的人的建議主旨很多都是「（打起精神）踩下油門吧！」

但是若勉強採油門會感到疲累，那麼在疲累之後，心情接下來就會回彈而冷卻。

因此請常保「怠速」的概念。

雖然有發動引擎，但不是踩油門的狀態。

也就是說，心靈是溫暖到剛剛好的狀態。

這麼一來，因為不會感到疲累，應該就能長時間維持下去。

只要習慣了這點，你的精神就會穩定，也能輕鬆與人交往。

3 送別「開往陰暗面的列車」

如果心情變不好，或是變得很消極時，就要注意自己此時會開始一一想到「其他令人討厭的事」。

當心情不好，在你的心中一定有輛「開往陰暗面的列車」到站了。那本身不過就是「不愉快的心情」，只要漠然地等待，幾分鐘後，那班列車就會出發，開過你的身邊。

但是，如果你糊裡糊塗地跳上了那班列車，那班列車就會直接載著你，一一在不同種類的不愉快情緒車站停車。

你會開始一一想起與最先煩惱毫無關係的事，例如「徒勞地對將來感到不安」「想起過去悲傷的經歷」「想到討厭的傢伙而生氣」等，而且那分不愉快的心情會隨著列車開往陰暗面而不斷擴大。

最後就會抵達「我果然沒有活下去的價值」這個意義不明的終點。

接著將會被那不愉快的心情所牽扯，對他人說出負面的言談，或是白白去惹怒對方。

當然，每個人的人生都會出現不愉快的事，也會有不愉快的心情。

但是，那不過是一個不愈快的情緒從眼前「通過而已」。

亦即，那個最一開始的難過本身，其實真的是沒什麼大不了的。

重要的是，不要搭上那輛列車，要目送它離開。

單只是不搭上那輛列車，自己的人生大抵都會不斷累積愉快。

發生令人不開心的事時，在你心中一定會有「開往陰暗面的列車」

到站。

可千萬別搭上那輛列車！

碰到像這種時候，只要想著：「啊～列車來了啊～。它還不快點出發嗎？」然後靜靜地目送它離開就好。

這麼一來，那輛列車大概在幾分鐘內，就會從你面前離去，你不愉快的心情也就結束了。

④ 變成因小事就能感受到大幸福的體質

要能持續讓自己的人生或將來過得安定，就要一直保有「在小事上，盡可能感受到極大的喜悅」這種感覺。

人類在不論是好或壞的意義上來說，要持續透過同樣的生活水平、同樣程度的刺激，感受到相同程度的滿足感，都是非常困難的。

即便是「奢侈品」類的物品，只要一旦習慣了，那個「奢侈品」就會在不知不覺中變成「日用品」，期間，就會變成覺得「自己會擁有這物品是理所當然的」。

這麼一來，擁有那個物品就不會讓人感受到喜悅，若沒有獲得更多的其他東西，就無法感受到幸福。

然後陸續就會有人跟你說，會想要更大的物品就是一種成長，但我認為，那單純只是人類變成了對喜悅的「感覺遲鈍」。

亦即只是對感受自己「喜悅」變得鈍感了。

例如即便至今為止都滿足於搭乘飛機經濟艙的人，之後若開始搭乘商務艙，雖然一開始搭乘的心情會很興奮，但持續一陣子後習慣了，與以前搭乘經濟艙時相比，滿足感就幾乎會是一樣的。

接著之後就會莫名對於「搭乘經濟艙」這件事，感到悲慘。以前明明是那麼令自己滿足的艙等……。

試著思考一下吧。

如果你常想著要開朗地推測自己的未來，那就應該要盡可能去看許多「自己開心的模樣」。

我們最好是要維持不僅會對大的東西或高級品，還會對小事物都能感受到喜悅的體質，這樣明顯才是對自己有益的。

因為這麼做，你人生的整體「喜悅總量」都會增加。

能從「小事」感受到幸福的人，在「大事」上也能感受到幸福。

不過，只能從「大事」上感受到幸福的人，相較之下，就無法在「小事」上感受到幸福。

因此，從現在開始，為了不變成只能從大事或高級品感受到幸福的「幸福鈍感症」，為了能從小事上也能感受到許多的幸福，就好好維持住自己的感覺吧。

這麼一來，在描繪將來的自己時，就能想像出大量「因為瑣碎的事，就能單純感到開心的自己」，自己的將來也會看起來是一片光明的。

5 不要製造出人生的高峰

一般人會想著「想在某個領域中成功！」然後朝那目標努力吧。

這件事本身當然是件好事，若能讓人變得有朝氣、活力，也是件令人感到高興的事。

不過，所謂的「成功的人生」，是有著陷阱的。

那個陷阱就是會在自己的人生中製造出「高峰（極限期）」。

當然，迎來人生的高峰是很好的。

會充滿幹勁，士氣高漲吧。

可是，人生可是長期戰，能一直保持成功的人很少。

因為許多人都是在之後迎來不太好的時期。

尤其是在現今這個時代，離婚率增加，也沒有終身雇用制的不穩定工作，曾一度爬升的人生又再度跌落的情況也是很普遍的。

明明情況是如此，但若是將高峰期視為理所當然的，之後迎來不太順利的時期時，在精神面上會無法適應，或許會因為與之前意氣風發的落差，而對人生感到絕望。

更甚的是，或許還會一直無法忘懷那個高峰時期，而帶著「那時候真好啊，可是現在卻……」這樣的遺憾活下去。

尤其是在年輕時期就在社會上取得極大成功的人，幾乎都會陷入這樣的情況中。

因為牢記年輕時期所受到來自周遭的讚賞與興奮的感覺，之後的人生若感受到「不如」那段高峰期，或許心態上就會覺得是走在差強人意的人生上。

又或者是因為那分幸福感的落差，而變得自暴自棄，跌落至更不幸的人生。

實際上，有很多人都走在這樣的人生路上。

所謂的人生，就是會有意外，也會出現「因為某種成功經驗，而莫名使得人生總體的平均幸福度下降」這樣非常令人啼笑皆非的現象。

只要這麼一想，或許就會覺得要留意不要打造出「明確的高峰」，同時以「一直維持總覺得還算好的狀態」的人生為目標，反而比較能在各方面都消除不安、提高平均的幸福度。

為此，重要的就是「人生愈是順利的時候，就愈是不要得意忘形比較好」。

因為這麼做才比較能一輩子維持住「現在很幸福」的狀態。

如果想要走上不會沮喪的人生路，在狀況好的時期，或是自己人生很順遂的時期，就更要在腦海中提醒自己，「也是有這種好事的。因為所謂人生，本就是會有好的時期也會有不好的時期」。

這就是結論。

「面對狀況糟糕時期不會感到絕望的訣竅，正是在狀況好的時候，更要注意不要得意忘形」。

只要做到這點，之後即便又迎來了「糟糕的時期」，也能想著「這也是預料之內的」，而且立刻能確信，那樣「糟糕的時期」不可能會永久持續下去，心情上就能保持平靜。

這麼一來，之後不論是碰到好時期還是不好的時期，都能同樣淡然地累積那些經驗，人生的幸福感也會隨著時間而自然地堆疊起來。

6 捨去「認真」，「精心」生活

懷抱生存痛苦的人會因為受到他人的批評，以及為了想要獲得他人的喜愛，而表現出極端的「認真」，搞得自己精疲力盡。

像這樣的人，從今天起，就以「精心生活」的心態去取代「認真生活」吧。

單只要這樣做，就會自然而然地活得比現在更輕鬆。

有趣的是，我們人類只要一想著「來認真生活吧」，就會變成是

「對外部來說」認真生活。

請試著回顧自身。

一想到「來認真生活吧」時，就會聯想到「對自己以外的某事（某人）要認真」。

也就是說，所謂的「認真」莫名地就是會和「自我犧牲」連結在一起的價值觀。

但是，「精心」的情況又是怎麼樣的呢？

只要一想到「來精心生活吧」，是否就會湧現出要細心地「對待自己」而活這樣的印象呢？

也就是說，至今為止注意到「要認真生活」的人，腦中只要轉變成「要精心生活」，就會立刻變得對自己很溫柔。

但也許也會有人不安地想著：「這麼一來不就會給人不認真的印象

嗎？」

請不用擔心。

只要在平常就聚焦在「來精心生活吧」這點上，就算沒想要發揮「認真」，或多或少仍會自動表現出來。

因此，總是容易莫名想著：「我非得要做些什麼不可。」而承受自我犧牲的人，首先請試著將自己平常的舉動從「認真」這個意識切換成「精心」這個意識。

這麼一來，在你的意識中，不僅會消除掉「非得要這樣做不可」這層束縛，至今你都沒注意到的自我成見、自己真正渴求的東西，或是能擺脫現今苦境中的解決方法就會變得明確起來。

7 人生全都是「實驗」

美國的思想家拉爾夫・沃爾多・愛默生（Ralph Waldo Emerson）曾經說過：

「人生全都是『實驗』。」

因著「對未來的不安」會「恐懼失敗」而感到「自己的人生沒有如自己所預想」的人，從今天起，請試著將想法轉換成是「人生全都是『實驗』」。

這麼一來，就能靠自己控制人生了。

例如一整天都待在家中發呆的人，就是在做著如果在家發呆會怎樣的實驗，而一般的主婦也是在做著若是傍晚去到家附近的超市會是怎樣的情況的實驗。

或許很多人都不會把去家附近的超市想成是「實驗」。

但那是因為你把到昨天為止去超市的體驗當成了自己的「實驗結果」，所以才會覺得那不過就是「習慣的日常」。

如果今天去了超市，或許就會知道了「其實今天是公休日」這個新的事實。

又或者是知道超市收銀台有店員會做出讓人感到不悅的應對，或許下次就會學到要避開那位店員。

這麼一來，你就能透過這些體驗而獲得「實驗資料」，並能活用在明天之後的人生中。

人類每天不管自己是否有所期望，都不只是單純地活著，而是和研究人員一樣，不容分說地在研究室裡做著實驗。

正因如此，才說「人生本身就都是『實驗』」。

而若是以「人生全都是實驗」來看待一切，看待平常會面對到的

「對未來的不安」或「失敗」方式就會改變。

話說回來，人生就連下一秒的瞬間都看不透，會對自己的未來感到「不安」也是很理所當然的。

也有人是因為不知目前工作或人際關係是否會順利而不安、心懷壓力的吧。

正因如此，渡過今天這一整天（也就是在做今天這個實驗），也是很有意義的。

今天只要做了某件事，不管那是「好結果」，還是「不好的結果」，你都會獲得那分成果，並成為過去的資料。

這麼一來，那分資料當然就能活用在明天，而你的人生就會不斷感覺到今天比起昨天、明天比起今天都變得更容易生存了。

重要的是，把焦點放在「不要斷言人生是『失敗』的，或在全部面向上都有遺憾」。

的確，對所有人來說，失敗本身很令人難受，有時也會令人沮喪地想著：「我真沒用啊。」

但另一方面，只要人生本身就是場「實驗」，不論是「失敗」還是「成功」都完全是一樣的，是可以活用在自己將來的重要「資料」。即便失敗，只要有那分資料，人生也一定能過得比到昨天為止更舒適。

只要像那樣一想，就會覺得，在自己人生中的「失敗」可不是要被丟棄的東西，累積那分資料，就會讓人感到減少了「對未來的不安」。

我們人類很討厭人生的不安定，所以容易想著：「希望人生是沒有設定失敗的故事！」但只要這麼一想，就會格外恐懼於失敗，故事就會變得不安穩。

正因如此，我們更要改變心態，從今天起，試著刻意去想著：「所謂的人生，本就全都是『實驗』。」

這麼一來，就不會去恐懼挑戰想做的事，即使失敗了也能很快振作起來，也能打造出將時間當成友軍的生活方式。

8 過去是「嚼完的口香糖」

應該有人會在突然間想起過去的悔恨、悲傷的記憶在腦中鮮明復甦而徘徊不去，總是為這些記憶所苦的。

又或者應該有不少人會想著：「我為什麼會做出那樣的事來呢？」深受「後悔」於自己所做選擇的心情所折磨。

這些人請試著從今天起做如下的思考。

「過去」的一切，不過就是「嚼完的口香糖」。

亦即，為了今後，過去的記憶就只是「若是這樣咬，就會變成這種形狀嗎……」的參考，不是要從現在起再重咬一遍的東西。

只要像這樣想，就會覺得過去的某件事變輕鬆了，更能專注在當下生活。

試著思考一下，「過去」是已經體驗完了，已經沒味道了。

用不著再特地找出來放進嘴裡，非要重新嚐一次味道不可。

為過去記憶所苦的人中，雖有人會覺得：「只想要保留美好的回憶，消除不美好的回憶。」但只要下定決心，一次全忽視掉自己過去的「全部」，就能不費吹灰之力的改變心態，活在「當下」。

9 不要去追逐每一個夢想

「實際一點吧。接著，計畫奇蹟。」

這是知名的印度冥想指導者奧修所說過的話。

我對這句話的想法如下。

首先，排斥一切虛有其表的場面話，盡可能「實際」地正視事物。

接著，保持正視，「計畫」「奇蹟」。

嚴格來說，在「實際的」時間點沒有「奇蹟」，在做「計畫」的時間點，也不是「奇蹟」。

我們可以基於「實際」的想法去「計畫奇蹟！」

有些人會說：「夢想一定會實現」或是「努力必有回報」，但我對這些話懷有疑義。

因為這些都不是事實。

因此，若那分努力沒有獲得回報，當然會失落。

就這點來說，「實際點吧。然後去計畫奇蹟」會比較輕鬆。

誠如我之前告訴過大家的，在做「計畫」的時間點，即便不稱之為「奇蹟」，但要不要做計畫是隨自己自由，而實際上就算沒發生奇蹟，也能享受計畫本身。

也就是說，比起說著「努力必有回報」的人的「努力」，「奇蹟的計畫」明顯比較有趣、輕鬆。

而且若「夢想一定會實現」，就會讓人覺得「沒有退路」，想像著「那要是沒實現該怎麼辦？」而令人感到恐懼，但若是「實際點吧。然後去計畫奇蹟」就不會令人感到可怕。

也就是說，「實際點吧。然後去計畫奇蹟」這句話中，沒有像是「夢想一定會實現」，或「努力必有回報」這樣「要是沒有做出那樣的結果，就無法獲得幸福」的「悲壯感」。

單只是想那樣做，就可以光是想到不知結果為何而覺得很有趣。即便沒有發生那個奇蹟本身，就結果來說，人生也是會向上的。

而不管你實際的意識為何，心情上也都一定會變得很積極。

因此，可以不用一一去追夢。

只要實際一點就好。

然後去計畫奇蹟吧。

10 孩子是「二十年的租賃物」

令人意外的是，有不少人都有以下的煩惱：「女兒長大成人離開了家，我要以什麼為心靈上的寄託來活下去呢？這讓我感到很不安。」這點當然也如在PART1中所說明過的一樣，是因為沒有分散依賴對象而產生的不安，因為依賴自己孩子的占比過重了。

因此，若現在有在養育孩子，覺得自己似乎也會變成那樣的人，可以試著以如下的觀點來思考。

「孩子本就是二十年期限的租賃物！」

父母親本來就是為了自己能在孩子長到二十歲的時間點放手才養育

孩子的，而不是把孩子當成自己「一輩子的持有物」。

也就是說，我們稱為育兒的行為，就是即便沒有父母，孩子也會確實靠自己活下去。

更確切的來說，若對孩子來說，你不是必須的，那麼你的育兒就是非常順利的。

試著這樣想，你覺得如何呢？

的確，孩子是你的孩子，可是並非「永遠都是你的」。

「在一開始的二十年間，孩子是被拘束在你身邊的，但過了二十年後就要放手！」這一點在生下孩子時就已經被預定好了的。

對於這看法，你覺得如何呢？

因此，若一言以蔽之，你是不是會覺得那就是「二十年期限的租賃物」呢？

經過了二十年後，孩子隨時都有可能和某個人結婚，孩子和那個結婚對象彼此會約定好制訂新的租賃合約。

因此，你至少必須要在經過這二十年後的時間點完成歸還「租借來的自己的孩子」。

只要這麼一想，「二十年期限的租賃」這種想法，在關於育兒的各種意義上，都意外地很合理。

只要意識到「二十年期限的租賃」，就能重新自覺「必須在這二十年內，好好讓孩子學會能靠自己一個人走下去」。

同時，透過設想好「歸還日」，也能想到不要讓這孩子染上父母的偏好，給予適合孩子的養育方式。

而最重要的是，你也能花上二十年的時間來做好心理準備，迎接一定會來到的「離開孩子」的那一天。

許多無法離開孩子的母親，都是在自己孩子長大成人要離家的那瞬間，才突然碰到這樣的現實，因而顯得非常狼狽。

此外，因為沒有做好「拓展依賴」的心理、物理上準備，就會因為喪失掉唯一一個依賴對象而為寂寞與失落感所苦。

可是如果在生產日的那個時間點，就一邊叫喊著：「拜託讓我租借這孩子二十年的住宿與二十年的每一天！」一邊生下孩子，那麼情況會變得如何呢？

你在那之後的二十年內，在平時就能看準那個「歸還日」來養孩子，因此就能在育兒時一點一滴地同時進行著育兒後拓展依賴對象的活動，能做好十足的心理準備。

已經在育兒的人要不要也盡可能在早一點的階段，試著將「二十年期限的租賃」這樣的概念輸入腦中呢？

依此，就能理解到自己現在一定要去做的事，也能消除掉對將來的不安。

11 比起「自信」更應該擁有的東西

想著不要被別人的意見給牽著鼻子走、想以堅定心志活下去的人，接下來開始，不要想著「擁有自信而活吧」，請試著切換成「帶著自豪而活吧！」的意識。

自豪也可以改說成是「自尊」。

我認為，世間所說「毫無由來的自信」，是只要意識到「自豪」而活，任誰都會有的東西。

我也不是說就不需要「自信」，但愈是想著「擁有自信而活吧！」

就會傾向於去強調不足的自己，白白地陷入沮喪中。

因為「自信」一般來說是需要有所根據的，很難想有就有。

另一方面，「自豪」則不需要有根據。

只要想擁有，任誰都能立刻擁有。

而且因某事受挫時，「自信」會受損，但「自豪」不會。

因為很多時候，「自信」都是依靠著「自己產出的結果」才有，但「自豪」卻是仰賴著「自己的尊嚴」。

因此，要在接下來不安定的時代中生存，以「自豪」為依據而非「自信」的生存方式，心靈才會變強韌，處理事物的態度也能柔軟些。

在這世上，有很多哲學與心理學都提倡「擁有自信而活吧！」但至少在讀著本書的你，請試著切換成瞄準「自豪」而非「自信」地來生活。

同時請試著每天在心中呢喃一次：「帶著自豪而活吧！」

單只是這樣做，就能實際感受到自己心中湧現出了力量。

12 試著成為「和平的戰士」

因著過去的經驗以及成長環境，應該有很多人內心都背負著深刻的傷痕吧。

可是那樣深刻的傷痕或生存的痛苦，或許不一定要努力消除，或是從中逃離。

反而請試著就這樣保持下去，然後在自己的人生中學會創建和平的技術，以成為「和平的戰士」而活。

許多「和平的戰士」（也就是英雄），本就抱有心靈創傷或過去的心理陰影。

或者倒不如說，懷抱有這些創傷、陰影而成為戰鬥英雄的人，反而單純地很帥呢。

請試著想一下。

若有一個英雄是在幸福雙親的身邊，完全自由地被養育長大、沒有一點煩惱、舒服自在的過日子，你會不會覺得他好像就是差了那麼一點，沒有那麼帥呢？

既然要成為英雄，更進一步來說，在自己心中懷抱有過去的心靈創傷或根深蒂固的心理陰影，而且不向任何人透漏出來，隱密地為了和平而戰，這樣的英雄形象絕對是比較帥的。

例如電影或連續劇的主角，比起在圓滿家庭長大的「和平的戰士」，在嚴苛環境中長大的「和平的戰士」的設定，不論怎麼想都一定都比較帥。

也就是說，如今你所懷抱的心靈創傷愈是深刻，今後你的「帥氣度」就愈是突出。

這樣一來，你自己本身就比較容易把作為「和平的戰士」的自己，想成是「做著非常帥氣事情的存在」。

只要這樣做，並把包含心靈創傷在內的自己想成是帥氣的，自然就會提高你的自我肯定感，最後，心靈的創傷就會獲得療癒。

也就是說，「我很帥！」這種作為「和平的戰士」的自豪，會療癒心靈的創傷，所以現今的心靈創傷，就是你內在能反過來利用的事物。

根據過去的經驗，應該不少人都有著難以抹滅的心靈創傷。

像是這類人，更要活用自己艱困的境遇，試著將心態改變成是「接下來要做為和平的戰士而活」。

這麼一來，你所背負著的過往心靈創傷、心理陰影或生存痛苦，就會轉變成燃料。

13 所有的煩惱都是「身體不適」

請試著把工作、伴侶以及人際關係等，在人生中出現的所有煩惱，都想成是「身體不適」吧。

就連在眼前出現某些問題時，也要想成是一切的痛苦皆是因為「包含大腦在的身體某部位在疼痛」，自己人生中所出現的問題本質全都是「身體不適」。

也就是說，我們不是討厭在自己眼前發生的問題本身，而是討厭因為那個問題所導致的「身體不適」。

只要意識到這點，人生其實意外地單純，總之就是只要持續去做不會讓自己「身體不適」的言行舉止，就會變幸福。

因此，煩惱於不知道該怎麼做選擇時，可以用以下的標準來思考：

「選哪一個比較不會讓自己在未來感到身體不適呢？」

意外地，這將會成為高精確度的選擇指標。

若是被人傷害了，就試著稍微變成「為所欲為的人」

那麼接下來要介紹在人際關係中不被牽著鼻子走的思考法。

總是會因與他人間的關係而感到壓力的人，請試著參考這些觀念。

14 不要為每個人都鞠躬盡瘁

我想應該有很多人明明心甘情願地接下了其他人不擅長的工作，為對方盡心盡力，之後卻被人冷漠以對、被欺侮、被排擠，遭受「被背叛了！」的打擊，而覺得自己很慘的吧。

像這些人，從下次起，可以試著戒掉「為他人盡心盡力」的習慣。

話說回來，為他人盡心盡力的人，為什麼之後會覺得「被背叛了！」呢？因為想著「我會盡心盡力」而做出的行動，容易在無意識間變成期待對方會回報愛或感謝的「犧牲行為」。

正因如此，為之盡心盡力的對象，若沒有對你表示出善意，你就會因期待落空而失望，甚至在被對方輕蔑時，就會覺得「我都這麼盡心盡力了！」而受到非常大的打擊。

簡而言之，你一旦對他人懷有「為之盡心盡力吧」的意識而行動，或多或少，你的行為就會變成「付出自我做犧牲」這種形式，沒獲得預想的報償時，就會因事前付出的犧牲而對他人感到失望。

因此，如果你想帶著親切的心去為某人做些什麼，就請試著完全不要去想「為這個人盡心盡力吧」，而是只要單純地在自己有「餘力」時，在那個「餘力」的範圍內，不去期待有什麼回報，單方面地為了對

方想著：「我會幫他做事。」

只要用餘力單方面地去幫人做事，即便對方不回報你，你也不會有任何想法，而若對方回報你，則會感到開心。

如果對方對你恩將仇報，不要流於情緒化，而是只要想著：「啊～下次不要幫這個人了吧。」就好。

因為你本來就不是在做出犧牲。

也就是說，「只在自己餘力範圍內單方面幫忙對方」的「給予行為」，與「盡心盡力」的犧牲行為不同，因為沒有期待回報，在你的人生中，就只會發生好結果，不會發生壞結果。

話說回來，「以討好人為目的而盡心盡力的人」，其本身就有被他人輕視的傾向。

因為，我們會對非得要到自我犧牲的地步才會受人喜歡的人，沒來由地感到廉價。

因此，只要在自己「有餘力」的範圍內，「單方面」去做能做到的事就好。

而且不是要盡可能持續下去，而是只要盡量不定期的去做，並且不去渴求迎合自己心情的回報，很不可思議的是，你身上就會散發出自立的氣場，那分親切會散發出「強者的從容」，周圍的人就會尊重你。

為此，要先能打造出為了他人的「餘力」，留意不要辛苦了自己。

15 不真心誠意地溫柔待人

體貼他人的人，即便是面對自己不喜歡的人，或是沒想要跟他打好關係的對象所說的話，也總是會認真傾聽，考慮到該人來做出應對，因此總是很疲憊。

人們常常會在無意識中自認為，必須要將他人一一分類成「喜歡」或是「討厭」的，但其實根本沒必要做這樣的分類。

當然，我們自然喜歡與親密的人待在一起，但若是一一將周圍的人都分成了「喜歡」或「討厭」，不論是喜歡還是討厭，對待每一個人時都必須要使用大腦，所以會疲憊。

因此，面對周遭大半數的人，就果斷地不去喜歡也不去討厭，而是「普通」以對吧。

除此之外，試著從平時開始就機械式且一視同仁地，在自己不會感到累的程度中，以「均一」的溫柔來對待這些「普通」的人吧。

也就是說，以和鄰居說社交場面話時那樣的感覺，一律以不會感到疲憊的程度來溫柔、謹慎對待所有人。

對所有人一律遵守禮節、一律以七十分左右的親切來應對、一律帶著笑容離開。

只要固定用像這樣「一律親切」的態度去應對所有人，在與人應對時就幾乎不須要使用大腦，而且也會提高旁人對你的好感度。

而且這麼做除了能預防自己不知不覺地去討好人，以及不會採取戰戰兢兢的態度或妄自尊大的態度等，也會消除掉被討厭或是成為攻擊目標的不安。

此外，針對那些會威嚇你「你對我不夠溫柔！」而要求你對他特別溫柔的人，自己也能立刻察覺到「一旦跟這個人深交，恐怕會被他給牽著鼻子走」。

因為，若周圍的人都滿意於你一視同仁的溫柔，就會看出該人「拚命想要獲得你溫柔的做法」是比較異常的。

也就是說，只要你帶著固定程度的溫柔去待人接物，那分「固定的溫柔」本身，就會成為石蕊試紙，找出讓你疲憊的人。

而且若以固定的態度去對待「一般」的人，其中出現了你覺得「特別喜歡」的人時，就只要以那分「一般」的溫柔為基準，再稍微增加些「溫柔」就好。

如果之後不喜歡對方了，只要再度回歸「一般」的程度，就不會有任何問題了。

反過來說，在那些「一般」人中，對於那些感到「討厭」的人，只要稍微增加點「冷淡」就好。

亦即，即便被拜託了勉強的事，也能斷然拒絕，或是難以拒絕時，只要擺出「我身體有點不舒服，所以……」的態度，就能在不傷害對方情感也不起爭執的情況下，非常簡單地躲掉對方。

若對所有人都真心實意，當然會感到疲累，而且也會一一陷入情緒化中，展開沒有結果的論爭。

因此，首先在自己心中，除對自己身邊少數重要的人，試著不帶好惡地「一般」以對吧。

此外，只要無差別地、抱持著一視同仁的溫柔來對待所有人，就能以那分「一視同仁的溫柔」為基準，或是稍微增加點「溫柔」，或是稍微增加點「冷淡」，又或者是只要回歸原點，就能不費任何功夫地與他人保持良好關係，既不會偏離自己的軸心，也完全不會感到疲累。

這樣做還能取得人際關係上的平衡、承受得了變化、不會受傷，也不會覺得孤獨。

你可以不用一一對所有人都敞開自己的一切。

16 以當個「壞人」為前提而活

到目前為止，若自己的溫柔或親切被人徹底背叛，接下來請試著思考一下，所謂的「好人」不是「成為」，而是「做」出來的。

也就是說，不要「想成為好人」，而是每次都選擇是要「做」或「不做」「好人」。

除此之外，如果你想透過對他人做出「善行」來提高自我肯定感，比起「成為」好人，反而要當個「壞人」，然後以那個「壞人」的身分做出「善行」（儘管是個壞人）。請試著這樣做。

這樣一來你會更能感受到自己的魅力，也能提高自我肯定感。

你若是從平時起就想著「我是好人」，那麼在自己的心中，對自己的評價就會是：「我是理所當然會從事善行的人。」因此會把「行善」當成是義務，陷入「做了那些才終於有平均分數」的感覺。

這麼一來，為了獲取那個平均分數，就不得不拚命地持續「親切」，而你一旦覺得那分親切就自己的基準來說是不夠的，對自己的期待值就會暴跌，自我肯定感就會下降。

可是，如果你從平時起就以「我是壞人」這個前提而活，在日常生活中，只要稍微對某人做出些親切的行為，在你自己的心中，就會覺得自己做出了非常不得了的行為，提高了自我肯定感。

因為對壞人來說，親切或溫柔本來就是「多餘的東西」，你「刻意」做出了那些行為，就誕生出了你的主體性，也生出了「這分親切可不是理所當然的唷」這種嚴肅的氣質。

若至今為止，自己的親切或溫柔成為了被人輕視的原因，碰到的都是預想之外情況的人，那麼從今天起，就試著刻意當個「壞人」吧。

此外，這個「壞人」若對他人做出了看起來是沉默的溫柔，因為你的態度是很有威嚴感、從容又冷靜的，最後，別人一定會尊重你的。

17 把現實中不存在的東西錯以為是「有」的吧

認為「我真是個沒用的人」「我很差勁」等自我肯定感低的人之中，應該有很多人都對「自己的價值」有疑問吧。

在周遭總是閃閃發亮、很有價值的人群中，只有自己無論如何都感受不到有活著的價值。

也不知道自己的價值在哪裡。

因為這樣而長時間處於煩惱中的人，我想應該不少。

對自己的「生存價值」有疑問的人，在看到社會上活得閃閃發光的人時，不要想著：「那些人真有生存價值啊……」，而是請試著把那些人單純地想成是「玩著假裝自己是有價值的人的遊戲」而活。

回到原本的話題，也不是所有人都有「生存價值」這種東西的。因為「生存價值」這種東西本身，本來就不存在於這個世界上。

因此，就連實際上斷言「我有生存價值」的人們，也不是真有「生存價值」，但因為那樣想會讓情緒低落，所以世上很多人為了拿出精神來，就「徹底變身」為有價值的人而活。

也就是說，只是在「玩扮演有價值的人的遊戲」而精力充沛地活著罷了。

請試著做如下的思考吧。

我平常在健身房做肌力訓練前，都會聽電影《洛基》的主題曲，變身成為洛基。

因此在做肌力訓練的期間，我不是Ｊｏｅ。是洛基。

可是實際上，我並不是洛基。

只是在玩「扮演洛基的遊戲」的大叔。

豈止如此，在這個世界上，洛基這個人本身根本就不存在。

洛基是虛構的。

也就是說，雖然沒有洛基，但我有「做出錯覺的能力」，所以聽了《洛基》的主題曲，就會深信自己是洛基。

這麼一來，我在運動健身館裡就成了洛基。

也就是說，我在玩扮演洛基的遊戲，因為裝成了洛基，在肌力訓練中，就完全成了洛基，但我知道「其實並沒有洛基這個人」，所以結束肌力訓練後，我就不是洛基了。

有生存價值的人也只是在做著與此相同的事罷了。

「生存價值」這件事，在這世上根本不存在。

可是「能讓人想到有生存價值的道具」，卻有很多。

例如，有很多人會主張「所有人都有生存價值」「人都有普遍平等的價值」，這些人說出的話語中，也大致有這類態度。

因此在這世上，也有很多人是聽了那些話語後，徹底成為了有生存價值的人。

亦即，那些人只是在利用那些話語，進行著「扮演有生存價值的人的遊戲」而已。

當然，「人類都有著平等而活的價值！」這個資訊本身就是假的。

因為所謂「生存的價值」這種東西，實際上根本不存在。

可是，如何呢？

若是這樣說，洛基什麼的，就更明顯是不存在的了。

雖不存在，但我仍明知其不存在卻完全成為了洛基，並因此而度過了一段心情很好的時間。

因此，你雖然知道「生存價直」本身並不存在於這世上，但卻仍能徹底成為「有那東西的人」，並度過一段好心情的時間。

因為你也和其他人一樣有了「錯覺力」，在自己腦中捏造出了本就不存在於這世上的「自己的價值」，並將其當成了實際存在的東西。

18 用兩個標準來測定「自己的價值」

那麼接下來，我將要來介紹你在捏造「自己的價值」時，有效率的做法。

從今天起，想著「關於自己的價值」時，請不要只用【第一個標準】來思考「自己的價值」，要同時以接下來的【第二個標準】一起去思考。

❶ **自己的「本質性價值」（真正的自己）**

❷ **自己的「社會性價值」（來自他人的評價）**

請經常在自己心中以如溫度計與濕度計般的感覺，想像著我們擁有這個「本質性價值」與「社會性價值」兩個「自己的價值」標準，然後彼此不互動而是各自會有所改變的。

此外，請經常把平常就會到處指謫你、評價你的人，想成是在說你的「社會性價值」。

其他人不會去評價你的「本質性價值」。

因為所謂的「其他人」，全都是和你在身體上相互分離的存在，就技術面上來說，他人不可能評測出你的「本質」。

其他人對你說的話經常都是「該人的個人意見」，或是「對那個人來說，這樣說是對他自己有利的」，不論是哪種情況，都是第二的「社會性價值」。

例如其他人對你做出「墮落成性」這樣的評價時，那就只是「出自那個人」評價你墮落成性而已，並不代表「你真的墮落成性」。

因為實際上，並沒有確認你是否墮落成性的方法，而且若就該人以外的其他人看來，你也可能並沒有墮落成性。

因此不須要一一為此陷入沮喪。

此外，也不須要想著：「我是不是真的墮落成性？」

你受到他人評價為「很棒」時也一樣。

那也是你獲得了來自那個人「很棒的評價」，但並非你這個人「本質上很棒」。

因此不須要表現得歡天喜地的。

但是，很多人往往都是以「自己的價值」這個第一個標準來評測自己，所以若被他人說了「墮落成性」，就會把這些當成「自己唯一的價

值」照單全收，因為認真的心態而沮喪。
這麼一來，之後為了填補這缺點，若他人沒有說自己「你很有身價喔」或「你很棒喔」，就無法振作起來，為了獲得這些讚賞，就會拚死努力。

即便你的自我肯定感很低，也不須要勉強想提高自我肯定感。
取而代之的是，只要從今天起，將「自己的價值」的標準，區分為「本質性價值」與「社會性價值」，並試著留意同時保有這兩者即可。
而自己被他人評價時，請用以下的方式想一下那是怎麼樣的評價。
「我現在收到了來自那個人的『社會性價值』評價，但就『本質性』來說，完全沒有變化。」

這麼一來，單只是這樣，就能拉開自己「本質性價值」與「社會性價值」間的距離，你就會驚訝地發現，不僅自己的心情不會動搖，還總是能維持平穩。

19 有成為人渣的覺悟吧

若習慣了自己的「本質性價值」與「社會性價值」兩個價值標準，接下來須要做的，就是「有成為人渣的覺悟」。

這不是說要大家「來成為人渣吧」。

人只要在社會中生活，不論你有多努力，都不可能獲得所有人的喜歡，而且對某人來說，一定經常會有行為不端的時候。

正因如此，作為「社會性價值」，抱持覺悟自己會成為對某人而言的人渣吧。

因為若沒有抱持「成為社會性人渣的覺悟」，你反而或許會犧牲自己成為「本質性的人渣」。

話說回來，這個世界本就沒有所謂的「人渣」這樣的人。當然也沒有「出色的人」這種人。不論是「人渣」還是「出色」，都不過是某人的「個人評價」。而任何人都會因其本人的情況就擅自對他人做出評價，所以經常會發生有討厭你的人存在。

被他人討厭時，本來必須要做的是，迅速並有條不紊讓討厭你的人離開你身邊。

人有時雖然會討厭某人至極，但若是討厭你，只要因為討厭而迅速拉開距離，就能各自在不同的地方，各自快樂生活。

最糟的就是，討厭你的人儘管討厭你，卻又總是待在你身邊，從旁不斷給你建議：「修正你的態度。」

這種時候，若你沒有「成為人渣的覺悟」，你就無法守護自己，或許你還會因為討厭你的那個人而「修正」了自己「本質性的價值」。

話說回來，之所以「討厭」你，卻又跟你說要「修正態度」，是因為你的言行舉止對對方造成了妨礙，所以才要你修正態度。

但愈是像這樣的人，大致上來說，在常識上都愈是會理所當然地說些歪理。

因為說些在常識上看似合理的歪理，你會比較容易做出修正。

若是這樣，你一定要在某個階段，做出「不，我是人渣呢」這樣非常露骨的態度，用怎麼說都沒用的態度來讓對方閉嘴。

這麼一來，對方就只能遠離你了。

在長期的人際關係中，最大的問題就是被討厭的人給「修正」了後，降低了自身的「超凡魅力性」。

這麼一來，你就不能吸引喜歡你「本質性價值」的人，或是你希望喜歡你自己的人了。

就長期來看，這是比被特定他人所討厭還更要致命的損失。

在這世上，當然還是會有真心為你好而提醒你的人，那些人的建議是真的對你有幫助的。

對於這些人，就不可以逃避或錯過。

因此，只要從平時起就抱持著「成為人渣的覺悟」來生活，想著「不論是成為了對誰而言的人渣，我都不可能在本質上成為人渣的」與他人接觸，你就能把來自他人的評價或命令當耳邊風，篩選出真正是為自己好的人。

20 只要大致決定好「本質性的價值」就好

你隨時都可以因為「不同的解釋」而是很出色的！

這就是你「本質性價值」的全部。

說你「很出色」的人，只是這樣看你而已。

說你「很無聊」的人，只是這樣看你而已。

你這個人是很出色還是很無聊，只不過是當下他人的「個人解釋」

罷了。

假設你的存在是像「黃色」那樣的東西。

若是喜歡黃色的人看到「黃色」，就會覺得「很出色」，但若是討厭黃色的人看了，就會覺得「很無聊」。

此外，曾經說過「討厭」的人，某天也會莫名突然地喜歡起黃色。反過來也是一樣的。

可是，不論是誰做出了什麼解釋，「黃色」一般來說，都既不是很出色，也不是很無聊的。

黃色就只是單純的黃色。

不論旁人做出什麼樣的評論、不論評價有何不同，都試著想成是：

「啊~那個人是那樣來解釋我的啊。」

這麼一來，就不會對旁人的所有評價都表現得一下高興一下憂愁的，也不會想著「我被討厭了……」「我真是個沒用的人啊……」而迷失自我了。

我不認識你，這本書是針對不特定多數人所寫的，所以我連對你們每一個人一一做出「解釋」都辦不到。

因此我不會說：「你很棒。」

但是唯有這點可以說。

你隨時可以因為「不同的解釋」而是很出色的！

如果你認為自己是「我真是個無聊的人啊」而沮喪，那就是你刻意把自己做了那樣的「解釋」。

你不論怎麼解釋自己，黃色都是黃色。

黃色的價值依自己想做的解釋去做出解釋就好。

21 和他人拉開距離也沒關係

因為身邊人際關係而煩惱，其主要原因有大半都是出在和對方的距離過近。

也就是說，與他人起糾紛時，只要採用一些方法，拉開物理上或心理上與該對象的距離，關係就會莫名的急速改善，像這種事所見多有。

「個性不合」的現象也是，大半原因都單純是「個性不適合近距離相處」而已，只要在某種程度上保持距離、持續拉開些距離的關係，很多時候，很不可思議地就能相處融洽。

因此，若你現在有感覺到相處不順利的人際關係，為了能改善關係，你不是要拚命靠近，反而要改採「該將現在的距離拉開到什麼程度比較好呢？」這樣的想法，或許能早些解決。

世人都過於把「與他人保持距離」這件事想得不好了。

此外還會被「只要能縮短距離，就一定能和他人改善關係」這種一般論給緊緊抓住。

只要意識到這點，許多的人際關係一定都會更加融洽。

22 怎樣的「頻率」才是最舒服的？

煩惱著人際關係的人，只要用「我喜歡那個人」或「我討厭那個人」這樣的情感論去看事情，與人相處就不會順利。

「喜歡」，只是你和那個人的「距離感」很合得來罷了，而「討厭」就是你和那個人的「距離感」不合而已。

只要距離感合得來，就能和所有人舒服交往。

如果想知道和特定對象的距離感，首先請試著以如下的基準來思考該對象與自己以怎樣的「頻率」來往時是能持續最長久時間的。

❶ 一年碰幾次面
❷ 一個月碰幾次面
❸ 一週碰幾次面
❹ 每天碰面
❺ 住在一起

觀察對方的舉動以及對你、對他人的應對，無視掉情感或希望上的觀測，以及「丈夫」「同事」等的身分，請試著客觀地思考，在這❶～❺中，要以怎樣的距離感來交往，才是對自己與對方來說最友好、能長久持續下去的關係。

除此之外，如果你今後想將與對方的關係「縮短到比現在距離更近的距離」，就請做好如下的心理準備。

「今後是要再回去本來長短的距離？還是必須用別的方法來下一番功夫，拉開與對方間心理、物理上的距離。」

這個「拉開距離的功夫」就會改變那個關係性。

例如即便是「❹每天碰面」，但做為公司同事每天碰面、做為朋友每天碰面以及做為夫妻每天碰面的「距離感」是完全不一樣的。

又或者即便是相同的「❺住在一起」，也都會因為是不是同一寢室、一天相處的時間有多少、有沒有投入心力、有沒有相互分擔金錢與家事等細微的交往方式不同，與對方的「距離感」也會不一樣。

說得更甚些，若對方的心情看起來很不好，就可以稍微給對方一點時間；若對方擺出了不開心的臉色，就避開那個話題，或是考慮要不要回話，或是要不要慶祝紀念日；又譬如，若是對方感到有壓力，就考慮是不是應該要和他搭話，或是反過來應該靜靜地待在一邊，這些全都是在調整距離感。

每天進行這樣的「測量距離練習」，就能補足①~⑤基本距離感的落差（誤差），而且因為「調節距離」，也能給彼此留下不好也不壞的印象。

簡而言之，所謂的人際關係，並非「愈近愈好」，對每種個性來說，都有「剛剛好的距離感」，處在那種距離感內時，給予彼此的印象才是最好的。

23 可以更冷淡些

人類是社會性生物，所有人都想和其他人有所連結。

因此，你的「溫柔」是必要的。

透過表現出「溫柔」，就可以吸引對方，而且你只要維持好「溫柔」，對方就會被你給吸引。

因此，所謂的「溫柔」是為了能與他人連結所必須擁有的。

可是這個「溫柔」有個致命的缺點。

那就是會過於吸引對方，而與對方「緊密相連」。

也就是說，一旦表現出「溫柔」，除了會吸引他人，有時也會距離

過近，讓對方能支配你，不知不覺間就會變成了主從關係。

簡單來說，對方與你過於貼近而緊密相連，你就無法做為一個獨立的「個體」而活。

這麼一來，就會失去活著的感覺。

當發生這個情況，你要馬上藏起「溫柔」，且不得不拿出另一個武器——「冷淡」來，以此來斬斷與對方的緊密相連，並維持獨立「個體」的立場。

因為，若你只表現出「溫柔」，不論你願不願意，和對方的距離都會過於緊貼在一起，某人就會變成另一個人的「一部分」。

只要這麼一想，就會覺得，「冷淡」並非是有傷害性的東西。

因為要扯開對方的緊密相連（支配），維持「個體」的立場，在某種程度上，就必須以「輕蔑的心態」去看待對方。

話說回來，所謂的人際關係，就是交互對對方「溫柔」與「冷淡」，又或者是同時混合釋出才能維持住的。

總之，人際關係必須要靈活運用以下的兩張牌卡。

用「溫柔」的牌卡來縮短與對方間的距離，

用「冷淡」的牌卡來扯開與對方間的緊密相連。

以這樣的平衡來隨時微調與對方間的距離，同時獲得他人的尊重、保持和平。

到目前為止，覺得「只要自己只表現出溫柔，對方就會自動地拉開適當距離吧」的人，請認清以下這件事。

「其實，扯開來自對方的緊密相連是自己的責任，自己的『冷淡』

是不可或缺的。」

這麼一來，人際關係就能取得全面的平衡，進而獲得「強大又溫柔的人」這類評價。

㉔ 擁有「放開別人的覺悟」

應該有人會害怕「若是放開了對方，對方就會離開，我不就會變得孤獨了嗎？」

但這樣的想法，在與人交往時是種「陷阱」，反而要有「放開別人的覺悟」才會只留下重要、有善意的人。

話說回來，所謂「放開的覺悟」就是「隨時準備好放開會危害到自己的人」的心理狀態，對周遭的人放射出「獨立自主者的氣場」。

若認為「一旦放開對方，自己不就會變孤獨了嗎？」的人，就會放射出「放不開會危害自己的人。因為我害怕孤獨」這種「非獨立自主者的氣場」。

一般來說，人會受到「獨立者的氣場」所吸引，並遠離「看似很依賴他人」的人。

會被「依賴他人的人」所吸引，則可能是認為「依賴感重的人比較好利用！」的人，或是認為「依賴感重的人比較不會拋下我吧！」的人。

這樣的心理就會造成道德騷擾。

然而會認為「一旦放開這個人，自己不就會變得孤獨了嗎？」的人（依賴心重的人），本身就沒有「自己要放出怎樣的氣場，才會有怎樣的人被我所吸引呢？」的標準（概念）。

而且會認為自己很差，覺得「我比不上對方，若不緊抓對方不放手，對方絕對會離開的」，單純地依賴著強迫性的戰略。

這項戰略是這類型的人容易陷入的「陷阱」，遠離正派人士的「依賴心重的氣場」的真面目。

結果，因為旁人不會靠近那種類型的人，就會想緊抓住現今身邊的對象，這樣的惡性循環，就會持續不斷「人們莫名地遠離自己」的現象。

不過，要擺脫這情況的方法其實非常簡單。就是散發出「獨立者的氣場」就好。

這與你實際上有沒有自立無關。

只要散發出了那樣的氣場，認真、正派的人就會聚集而來。

而為了能迅速散發出那樣的氣場，我推薦一開頭就提到的，要有「放開別人的覺悟」。

只要自己擁有了那樣的覺悟，不論是誰，或早或晚都會因寫在這裡的機制，使旁人受到你的吸引。

25 戰略性能被愛的兩種方法

有些人一直想著要被人所愛，但卻從未實現。

像這類人，只要遵循以下兩點行動，就容易被愛。

❶ 別想著要被愛

❷ 謹慎行動

因為，只要做到這兩點，就對方看來，你就是「雖然沒有想被人喜愛，但待人接物十分圓熟有禮」。

總之，就是明明看不出來是「作為回報，想被愛！」的利己主義者，卻莫名會謹慎待人，對方不會覺得你有「企圖」，結果就容易獲得他人的喜愛。

你的情況是如何的呢？

只要是想被愛的人，那分想被愛的心念是不是被對方看得太透徹了？

若是過於表現出「想被愛」，就會讓對方感到沉重或是被輕視。

變成這樣時，有自覺的人可以試著模仿周遭「雖沒想被愛，但平時就禮貌行動的人」的行為舉止。

這麼做，一定很容易受人喜愛。

26 其他人全都是「交易業者」

若是煩惱於日常的人際關係，就請先暫時試著別把自己與他人想成是「個人」，而是把每一個人都各自想成是「公司」。

也就是說，自己不是「個人」，是「公司」，而對方也不是「他者」，是「其他公司」，把自己與對方看成是「交易業者」。即便雙方是非常好的關係，也要試著想成彼此間是關係很好的「交易業者」。

只要這麼一想，就會覺得「如果彼此都是公司，那麼面對身為交易業者的其他公司，會說出這種話嗎？」「會對交易業者有那樣的期待嗎？」成為重新思考自己對對方行為舉止以及距離感的契機。

同時，也能重新思考關於「打動對方的方法」。

「做為一間公司，該怎麼做才能讓其他公司為自己行動？」

「平時應該怎麼與之來往呢？」

既能像這樣做想像，也能理解到，隨心所欲去做事、盡情讓對方幫自己做事，又或是自己不斷地諂媚都無法讓「交易關係」成立。

只要想像「我們彼此都是交易業者」，就能重新認識到「這個關係若對雙方都沒有益處，就不會成立」。

實際上，許多個人的人際關係，亦即夫妻、朋友、媽媽友、附近鄰居等，都是「只要冷靜思考一下就知道，用那樣的交往方式是不可能會順利的」。

也就是說，都不過是自己過於一廂情願罷了。

只要能想通這一點，自己變得謙虛，也會讓對方變得謙虛，為取得兩者間的平衡，就要試著去思考「成熟大人間的關係，全都是『交易業者』的關係」。

這麼一來，應該就能容易整理好與對方間的關係。

27 「我會讓你幸福喔！」的陷阱

有句話是：「我會讓你幸福喔！」

一般來說，這多數都是男性在求婚時的台詞，不知道是不是也有許多女性想著：「想聽到有人這麼跟我說！」

不過，若女性們聽到有人這麼說時，或許還是要稍微留意些。

說起來，人所感受到的「幸福」是腦內的快樂物質以及血中荷爾蒙的平衡，所以不管怎麼說，若想要獲得幸福，就得要靠腦內分泌快樂物質或是分泌出自己的荷爾蒙。

若非如此，你什麼都不會感覺到。

因此，如果你會因為某人的存在而感到幸福，那不是因為「某人」給了你幸福，而是對對方言行舉止有反應的你的身體，靠自己分泌出了快樂物質，是那分快樂物質讓你幸福。

人體會利用分泌的快樂物質靠自己讓自己幸福，而不是對方直接給了你幸福。

所以，對方對你說：「我會讓你幸福喔！」時，對該人來說（至少在那個時間點），他當然是真的有那分心意才那麼說，但接受他這分心意的你還是要注意到這點。

不要如實接受他所說的話：「是的！他會帶給我幸福！」而是要更加帶著主體性地去想：「好！那麼今後就試著因他的存在而讓自己幸福吧！」把這當成是自己的問題。

因為實際上，所謂的「幸福」就是這樣的機制。

這麼一來，之後就不會對對方有過度的依賴心，除了會對他帶著好意的態度感到欣喜，另一方面也會減少對他的失望。此外，對對方來說，來自於你的依賴的負擔減輕了，也會覺得比較容易長時間維持這段關係。

28 靠自己打造出「喜歡自己」

應該有很多人都不喜歡自己吧。

像這樣的人應該無法理解「喜歡自己的人都是以怎樣的心情在喜歡

著呢？」以及「喜歡自己」這樣的感覺。

其實，處在「喜歡自己」這個狀態中的人，並不是想著「啊！我喜歡自己！」而活的。

一般來說，所謂「喜歡自己」的狀態並不是想著「我喜歡自己！」的狀態，只是單純地「不會覺得自己很『討厭』的狀態」。

也就是說，沒有湧現出「討厭自己」的情緒，所以那個人就成了「喜歡自己的人」。

那麼，那些人為什麼不會討厭自己呢？因為他們懂得避開會討厭起自己的狀況。

那些人不會做出那種像是「為了回應他人的期待就選擇自己無法接受的選項」，或是「欺騙自己的心」，或是「為了他人的利益就犧牲自己」等「會討厭自己的舉止」「背叛自己的舉動」，而是經常都會把拯救受傷的自己、讓沮喪的自己恢復心情當成每天理所當然必做的事。

因此他們就只會想到：「反正今後我都不會背叛我自己的。」

當然，沒有誰能看透未來，那些人也是，不知何時也有可能會做出背叛自己信任的行動。

可是至少，在過去的幾年，那個人自己即便有被他人背叛的經驗，也沒有背叛過自己的經驗，所以不論怎麼想，也只會預感到，此後自己將會一直是自己的友軍。

只要能理解這個機制，你也能隨時成為「喜歡自己的人」。

從今天起，若自己無意識地陷入低沉、心情不好，就請試著盡可能早點將自己從那樣不開心的情緒中拯救出來。

只要持續這樣做一段時間，你就會漸漸變成是「喜歡自己」這樣的精神狀態。

其中機制很簡單。

從今天起，你只要持續關注著「能一直拯救自我的自己」「不傷害自我的自己」就好，反過來則是一次也不去看「背叛自我的自己」，這樣一來，你就無法一直待在「討厭自己」的狀態中了。

COLUMN 2

擺脫「現今生存痛苦」的訣竅

- 「又失敗了。反正我做什麼都不行。」
- 「頻頻受傷的我，有著很大的缺點。」

→那就用「要是出現了不愉快的情緒，只要送走就好」「維持『差不多就好的狀態』」「帶著驕傲，禮貌生活」「最終，人生都會向上」來解決。

- 「搞不好被討厭了……我做了什麼嗎？」
- 「那個人做事總是很順利。我卻什麼都辦不到。」

→那就用「不要做出期待有所回報的行動」「不要用好人而是用壞人模式來活」「不要為他人的解釋所迷惑」「與他人保持適度的距離」來解決。

PART 3

實踐篇

這樣做，就永遠都不會動搖！

——藉由守護「自己的小世界」，安定自己的「四〇～八〇法則」

到目前為止，我們已經談過了打造「自己的小世界」的方式以及能穩固下來的習慣。

在PART3中則要介紹能從根本上改變容易沮喪的體質，改頭換面成「心靈安定的自己」的實踐法則。

用這方法讓自己不再動搖

關於基本觀念與方法

到目前為止，我們介紹過了改變容易沮喪的自己的習慣。

接下來的實踐篇，則要介紹讓自己不會受到目前狀況或周遭人言行舉止所動搖的「四〇～八〇法則」。

請試著依據此前所介紹到的訣竅，從明天開始做起。

基本觀念

我認為「不要被一時間的情緒爆發給牽著鼻子走，注意著不要讓

『人生的節拍』上下起伏。淡漠過日子的人，就長期來看，比較容易實際感受到幸福」。

人生終歸是場長跑。

要像馬拉松選手那樣，隨時看準競賽（人生）的整體，掌握好「是要為了這個競賽的『整體』來度過今天一整天」。不慌張，每一天都淡漠生活的人，比起為每件事都感到興奮，或是無止境渴望著幸福的人來，既能毫不勉強地讓這場比賽本身變得很充實，最終也會偏向能擁有極大的滿足感。

四〇～八〇法則的方法

每天請試著注意維持在「四〇～八〇％」間結束。

世界上沒有能做到完美的人，而且有時也須要超出限度，所以只要

「有留意」就夠了。

❶ 自己的「心情」

❷ 自己「精神上的緊張」

❸ 對自己人生及他人所懷有的「期待值」

❹ 在人際關係中的糾紛以及關係似乎變遭時「自己的反應」

※關於❹的部分請參閱拙作《不敢當壞人，永遠被當濫好人：遠離道德騷擾、退貨走偏的人際關係》（二〇二〇年，世茂出版）。

作為自己的實際感受來說，若這四者中的任何一個掉到了四〇％以下，就要立刻使之回歸到四〇％以上。另一方面則要留意，不要期望超過八〇％，這就是「四〇～八〇法則」的基本。

好處

隨時注意到將前述的❶～❹固定在四〇～八〇％的「擺動幅度」間，就長期來說，心境會比起以超過八〇％來生活，更能實際感受到每天「平均幸福度」有在提高（亦即，變幸福的可能性提高了）。

因為心境上過於強烈渴望超過八〇％以上人生的人（＝八〇％以上渴望症），會覺得不足八〇％是「不幸」的，結果反而會反彈，使心境降低到四〇％以下，心情大幅度波動而無法平靜下來，變得只能以四〇％以下的心境而活。

若是那樣，不如改變心態，以這個「四〇～八〇法則」而活還比較不費力，也不用努力。此外，也不要去東想西想，只要留心點，就結果來說，會比大半有「八〇％以上渴望症」的人還要來得幸福，很明顯性價比是比較好的。

渴求「心情超過八〇％」時

閱讀到此，應該有人會覺得：「雖然知道要讓心情回歸到超過四〇％，但我很討厭用盡全力避免開心啊」「高興的時候想百分百覺得高興！」

當然，這也不是說就不能百分百感到高興。所有人都會有感到百分百喜悅的時候。

我想說的是，那個百分百的狀態其實對身體來說是不自然的，是非常勉強的狀態。

例如就像是喝下大量咖啡或能量飲料，硬是勉強拿出活力的狀態。

為此，若能預測到之後將可能會迎來反彈，即便暫時提升到超過八〇％，也能立刻回歸到「四〇～八〇的狀態」，那這樣也是可以的。

話說回來，所謂的「生存痛苦」到底是什麼？

對「四〇～八〇法則」有疑問的人，請試著冷靜想一下「人到底為什麼會感受到生存痛苦呢？」這件事。

感受到生存痛苦的人並不是因為沒有獲得百分百的喜悅才痛苦。

並不是這樣的。相反地，正是因為自己的心情無法「一直收束」在「四〇～八〇狀態」這個剛剛好的範圍內才會活得痛苦。

但是，感受到生存痛苦的人，一般會因為是以四〇％以下心情在生活而出現反作用，經常會偏向於渴求百分百，因此心情就會更起伏不定，最後讓生存痛苦更形惡化。

可是只要將平時的心境狀況收歸在「四〇～八〇狀態」，很不可思議的，渴求百分百的心情就會降低了。

而最重要的是，維持將心情收束在「四〇～八〇狀態」，實際上會遠比持續追求百分百興奮來得更加簡單。

在此，感受到困境的人先想一下：「仔細想想，八〇％已經很高了呢。」「可是為什麼我卻覺得『八〇％不夠！』呢？」試著回頭審視一下自己的心情。

最終，淡漠地過生活才是最容易活下去的

就像我之前說過好幾次的，人生很漫長。

不論是如何留意著以「四〇～八〇法則」來生活，若現今生活得很順利，只要一碰到不順利的事，心情就會低落到四〇％以下吧。

像這樣的日子有時會持續好幾天。

可是即便如此也無所謂。

即便是在這種時候，也請試著想到：「在這八十年的人生中，也是有這種時候呢。」淡漠地回歸到四〇％。

這麼一來，就能早點收束好起伏劇烈的心情，誠如第六十八頁所說的那樣，人生將會長期性地累積成長。

前面也說過了，這個「四〇～八〇法則」，就像是馬拉松。

要以「整體」來看待自己的漫長人生，而非「部分」，不是盲目只關注在當下這個瞬間，為了未來而忍耐、犧牲現在。試著每天淡漠地過日子，將「當下這個瞬間」「分散投資」在「人生整體」中而活吧。

像馬拉松一樣，為了四十二・一九五公里整體，跑在當下。

在像人生那樣的長跑中，比起每次都依心情來改變步調的人，淡漠地跑在當下的人，最後才會跑出好紀錄，也比較能擁有充滿喜悅、充實的競賽。

煩惱於心靈上不安定的你，只要從平時起就堅持這個「四〇～八〇法則」，就一定能親眼見到自己的心靈安定下來。

結語　讓情緒這個「嬰兒」開心吧

不要「依循」情緒而行動，要「為了」情緒而行動。

因為自己的「情緒」就是自己心中的「嬰兒」。

我們只要鬆懈下來去生活，就經常會「依循情緒」而行動，但其實，只要依循著情緒去行動，就會出人意料之外的陷入不幸。

因為我們的「情緒」可以說就是自己內在的「嬰兒」。

嬰兒總是在渴求喜悅，會隨順自己的心意行動，但卻沒有判斷力。

因此，我們若總是依循情緒而行動，人生就會莫名的遭受損失，或最後容易傷害到自己。

或許你之所以會沮喪，也是因為這些累積的結果。

要擁有「不沮喪的人生」，我認為重要的是，不要把自己的人生交給自己內在的嬰兒決定，以及不要照嬰兒所說的去行動。

不要那樣做，反而要經常察覺到嬰兒的心情，讓嬰兒在未來能獲得利益而行動，並習慣這點。

只要像這樣有所留意地去行動，自己的人生就大致會朝自己期望的方向前進，「自己的情緒」這個嬰兒也一定經常都會是歡聲笑語的。

為了實現這點，本書中介紹了許多關於行動方式、思考方式、選擇方式、生活方式等我所想出的方法。

當然，不論哪種方法都不能說是普遍正確的，但若能成為許多人「打造不沮喪人生」的工具，我就會感到很榮幸了。

人生就是在死前打發時間。
以適合自己的做法，享受不沮喪的消遣時間吧。

Joe

Note

Note

世茂出版　好書推薦

抗壓韌性：學會覺察與疼惜自我，活出想要的人生

作者：珊・艾卡芭

我們在日常生活中經常會感受到壓力，但卻缺乏有效應對生活障礙並克服這些挑戰的能力。

管理思想、處理好情緒、專注在生活中重要的事情上是所有人都期望達到的目標通過採取有效的行動，就能以更有意義的方式生活來增強抗壓能力。

世茂出版　好書推薦

壓力自救：運用正念，改變基模，擺脫一切痛苦感受

作者：伊藤繪美

大多時候，我們其實並不是「沒有」壓力，而是「沒有察覺」到壓力。

若一直都處在對壓力無所覺得狀態，將來舊有可能面臨身心崩潰的風險。

在因壓力而陷入身心不適之前，請學會自我調適，為自己搭起一張心理安全網吧

世茂出版　好書推薦

我值得擁有好生活：運用情緒的智慧與力量，隨心所欲過生活

作者：羅納・費德烈克

美國「鸚鵡螺」銀獎得主、加速體驗式動態心理治療師教你四步驟
幫助你深刻洞察情緒、釋放內在的力量來改變生命，並在生活和人際關係中體驗到深刻的意義、目的和歸屬感，最終，「活得如你所願」！

國家圖書館出版品預行編目(CIP)資料

維持心靈怠速,擺脫生存痛苦：不需要改變自己的縮小生存術/Joe作；楊鈺儀譯. -- 初版. -- 新北市：世茂出版有限公司, 2023.12
面；　公分. -- (心靈叢書；21)
ISBN 978-626-7172-74-2(平裝)

1. CST：自我實現　2. CST：生活指導

177.2　　112016405

心靈叢書21

維持心靈怠速，擺脫生存痛苦：不需要改變自己的縮小生存術

作　　者 / Joe
譯　　者 / 楊鈺儀
總　　編 / 簡玉芬
責任編輯 / 陳怡君
封面製作 / 林芷伊
出 版 者 / 世茂出版有限公司
地　　址 / (231)新北市新店區民生路19號5樓
電　　話 / (02)2218-3277
傳　　真 / (02)2218-3239（訂書專線）　單次郵購總金額未滿500元（含），請加80元掛號費
劃撥帳號 / 19911841
戶　　名 / 世茂出版有限公司
世茂網站 / www.coolbooks.com.tw
排版製版 / 辰皓國際出版製作有限公司
印　　刷 / 傳興彩色印刷有限公司
初版一刷 / 2023年12月

I S B N / 978-626-7172-74-2
E I S B N / 9786267172766(PDF)9786267172759(EPUB)
定　　價 / 340元